太田 肇｜日本表彰研究所
Hajime Ohta
&
Japan Institute for Award and Recognition

Employee Award

表彰制度

会社を変える最強のモチベーション戦略

東洋経済新報社

まえがき

自分から進んで新しい仕事に挑戦するわけでなく、いつも上司から指示されたとおりに仕事をこなし、先輩の後をついていくだけの若手従業員がいた。

しかし工具の整頓と身の回りの清掃はだれよりもきれいに行っていた。それが認められて「きれいで賞」を受賞し、全従業員の前で表彰された。

彼がみんなの注目を浴びたのは、おそらくそれがはじめてだったに違いない。すると、それ以後、彼の態度が少しずつ変わりはじめた。指示されなくても自分から進んで仕事にとりかかる、後輩にもアドバイスするようになったという。いまではもう、まじめなだけがとりえではなく、周囲から信頼される職場の中心的存在になっている。

受注の見込みを誤り、会社に大損害を与えた従業員がいる。

ふつうなら最低でも叱責され、評価に罰点がつくはずである。しかし彼は叱責されないばかりか、前向きに挑戦した結果の失敗だということで「大失敗賞」を授与され、賞金までもらった。その賞金で彼はネクタイピンを買って身につけ、二度と失敗をくり返さないよう肝に銘じながら仕事をしているそうだ。

しかし、一方ではこんな話もある。

ある組織では毎年、最優秀の職員をトップが選び、表彰するとともにかなり高額な賞金を贈っている。お金と名誉を同時に与えられるわけであり、モチベーションも忠誠心もいっそう高まるはずだ。ところが意外なことに、受賞者の多くが短期間のうちに退職してしまったという。その原因はおそらく、賞に恥じない貢献をしなければならないという心理的なプレッシャーと、周囲からのねたみではなかろうか。

このケースでは、選考基準や選考方法を工夫することによって事態を改善できると考えられる。

このように表彰は、使い方によって特効薬にもなれば、逆に猛毒にもなる。

表彰がどれだけ多くの人々を引きつけ、動機づけるかは、ノーベル賞やアカデミー賞、サッカーのワールドカップやオリンピックの金メダルなどを見ればわかる。

そして、一般の人たちにとっても表彰はなじみのある制度だ。しかし、残念ながらわが国の組織では、それが必ずしも有効に活用されているとはいえない。普及しているのは永年勤続表彰か、せいぜい社長表彰くらいだろう。

功績や努力を称える賞でさえ、実際には順繰りで与えるなど形骸化、マンネリ化しているケースが少なくない。なかには制度は存在するものの休眠状態になっているケースもある。

じつにもったいないことだ。

アメリカに行くと、企業でも役所でもたくさんの表彰制度が取り入れられている。制度が社内に縦横無尽にめぐらされ、人事担当者でさえ「どんな制度が、どれだけあるかわからない」という会社もある。受賞者を選ぶための委員会を社内につくり、その委員を表彰している会社さえある。オフィスには贈られたTシャツ、帽子、マグカップといった小物がさりげなく飾られている。

当然、従業員にとってはそれだけ受賞するチャンスも増えるのでモチベーションが上がるし、社内の雰囲気も自ずと変わってくる。

わが国で表彰制度が十分活用されていないことは、出版物の少なさにも表れている。表彰制度について調べようと思っても、それについて説明した本や論文はほとんど見あたらない。

また、表彰制度に関する研究も進んでいないのが現状だ。

そこで、私たちは二〇〇八年に日本表彰研究所（二二二ページ）を設立した。そして表彰制度の調査研究、ならびにその普及啓発にあたっている。

各地で調査をすると、ユニークな制度をつくり、効果を上げているケースが国内にもたくさんあることがわかった。そして、表彰のユニークな事例やその効果について、NHKテレビ「めざせ(現・GOOD JOB)!会社の星」などにも取り上げられた。事務局には関心をもつ人たちから問い合わせも届くようになった。

そろそろ表彰制度についての研究成果を公にし、活用してもらおうではないか。そう考えていた矢先、幸運にも上梓の機会を得、日の目を見ることになったしだいである。

本書では第Ⅰ部で、私が表彰制度の意義や効果について述べている。

つづく第Ⅱ部では、取材したスタッフが具体的な事例について紹介している（執筆者名は各事例の後に記載）。そこには、制度導入によって顕著な効果を上げているものや、業界のモデルケースになりうるもの、発想の面白いもの、工夫を凝らしたものなどが混在している。

そして第Ⅲ部では、私が表彰の目的や性質から三つにタイプ分けし、制度づくりや導入のポイントについてまとめた。

表彰制度の導入・改革に携わる経営者、マネジャーはもちろん、一般の人たちにも「表彰」という制度をとおして、教科書には書かれていない人間のモチベーションやリーダーシップ、人間関係の機微を知ってもらいたい。

二〇一三年六月

太田　肇（日本表彰研究所所長・同志社大学教授）

表彰制度――会社を変える最強のモチベーション戦略［目次］

3 流通・小売業の事例

第III部 あなたの会社にこうして応用しよう 表彰の三タイプ

カバー・本文デザイン／竹内雄二
DTP／タクトシステム株式会社
編集協力／田畑千絵

第Ⅰ部

表彰で日本人を元気に

太田　肇

1 なぜいま、表彰か

“やる気”で見劣りする日本

衝撃的な調査結果がある。

仕事に対して「非常に意欲的である」という日本人はわずか二%、逆に「意欲的でない」と答えた人は四一%にのぼる。

一方、アメリカ人、イギリス人、フランス人は「意欲的である」人がそれぞれ二一%、一二%、九%で、「意欲的でない」という人は一六%、二三%、二三%にすぎない。

調査対象になった一六カ国の中で日本人は「意欲的である」という人が最も少なく、逆に「意欲的でない」という人はインドに次いで多い（二〇〇五年に米国のタワーズペリンが行った調査）。

そのほかの調査結果を見ても、日本人の仕事に対する意欲はおしなべて低い水準にある。また会社に対する積極的な帰属意識や仕事に対する満足度も低い。

かつて日本人は仕事に対する意欲が強く、組織への一体感や帰属意識も高いといわれてきたが、最近の調査結果などを見るかぎり、もはやそれは「過去の栄光」になりつつあるのかもしれない。

日本人の〝やる気〟はけっして高くないのだ。

しかし、一方で日本の労働者は不況下でも夜遅くまで残業するし、有給休暇もあまり取らずに働く。その姿はとても意欲的に見える。

態度や行動に表れた〝やる気〟と、内面的な〝やる気〟のなさ。このギャップをどう説明すればよいのか？

それは〝やる気〟の「質」の問題ではなかろうか。

これまで私たちは無意識のうちに〝やる気〟を「量」としてとらえ、「質」の面を考えることを怠ってきた。「一生懸命がんばる」「額に汗して働く」「精一杯努力する」といった表現を好み、それを尊んだのはその表れである。

従業員が休暇も取らず毎日遅くまで働くのも、〝やる気〟の「量」で評価してもらおうとしたからである。

しかし、それがほんとうの〝やる気〟ではなく、見せかけの〝やる気〟であることは冒頭に紹介した調査結果が物語っている。

要するに〝やる気〟の「質」に問題があったわけである。

それでも最近まで、この問題が表面化することは少なかった。その理由は、時代の要請に合っていたからである。工業社会、とりわけ少品種大量生産の時代には、生産現場はもとより事務系の仕事でも、決まった仕事をいかに正確かつ効率的にこなすかが問われた。そこでは、たとえ「見せかけのやる気」であっても通用したわけである。

ところがIT革命やソフト化、グローバル化が進行したポスト工業社会に入って、仕事内容は大きく変化した。単純作業や定型的な仕事は著しく減少し、創造性や革新性、洞察力、交渉力、判断力といった人間特有の資質や能力が格段に重要になってきた。

これらの資質や能力に共通するのは、強制や命令、やらされ感では十分に発揮されないということだ。自らの意思や動機、あるいは仕事の楽しさや面白さによって引き出される自発的なモチベーションが不可欠なのである。

また工業社会に比べてポスト工業社会では、個人の能力・意欲の差が生産性を大きく左右する。極端な例をあげると、研究開発、デザイン、商品企画、資金運用などの仕事では一方に何億という利益をもたらす従業員がいるかと思えば、他方にはまじめに働いていてもほとんど貢献できない人もいる。

両者を分ける要因の一つが、〝やる気〟の「質」なのである。

わが国の企業やその他の組織は、質の高いモチベーションを引き出す仕組みづくりに立ち後れた。それはマクロの指標からもうかがえる。

たとえば、わが国の国民一人あたりGDP（国内総生産）は一九九三年にOECD加盟国の中で二位だったが、二〇一〇年には加盟三四カ国中一六位にまで後退している。また労働生産性は、OECD加盟国の中で二〇位、主要先進七カ国中では最下位となっている（日本生産性本部調査）。

国際競争力についても、一九九二年の二位から二〇一〇年は五八カ国中二七位へと大きく後退している（※IMD調査）。

いずれの指標も働く人個人のモチベーションや生産性そのものを表すものではないが、技術革新にしても経営戦略にしてもそれを進める人間のモチベーションが深くかかわっていることを考えると、日本人の〝やる気〟がそこに少なからず反映されていることは間違いない。

こうしてみると質の高いモチベーションを高める方策を打ち出すことは、わが国の組織や社会にとって急務だといえよう。

※国際経営開発研究所　International Institute for Management Development

枯渇する〝やる気〟の源泉

では、〝やる気〟を引き出すにはどうすればよいか？

だれでもすぐに思いつくのが、給与の引き上げやボーナスの増額といった待遇の改善だろう。たしかに給与やボーナスが〝やる気〟とかかわっていることは事実である。給与や賞与の大幅な引き上げによって一時的にせよ従業員のモラール（士気）が上がったという話はよく耳にする。

しかしいまの時代、一部の例外的な会社を除けば、大幅な給与の引き上げや多額のボーナスの支給などできるわけがない。そして、少なくとも見通せる範囲では、そうした時代が再びやってくるとも思えない。

もう一つの伝統的なインセンティブ（誘因）は、役職ポストである。役職は給与や賞与とリンクしているうえ、かつては高い役職に就けば天下り（再就職）、交際費、社用車などさまざまな「役得」もついてきた。そして権限や影響力を手に入れれば、権力欲や名誉欲を満たすこともできる。

とりわけ日本社会では、昇進が仕事の能力だけでなく全人格的な評価によって決まる傾向があるため、役職は「偉さ」のシンボルでもあった。

だからこそ、多くのサラリーマンは、私生活へのしわ寄せやストレスといった犠牲を払ってでも、出世競争に明け暮れたのである。

ところがその役職ポストも、組織のスリム化、フラット化で大幅に減少し、もはやまじめに努力していればそれなりのポストに就ける時代ではなくなった。役職手当は削減され、社用車や交際費なども廃止されていった。

同時に、組織の幹部や役職者に対する社会的な尊敬や組織内での威信はむしろ低下し、もはや役職への昇進はサラリーマンにとって魅力的な目標ではなくなりつつある。

実際、若年層を中心に、役職に就きたくない者が増える傾向が指摘されている。役職の人気がなくなり、だれもがそれをめざす共通の目標でなくなれば、役職は「偉さ」のシンボルではなくなる。するとますます魅力が低下する、という負のスパイラルを描く。たとえていうと、バブルの崩壊に近い。

そもそも役職ポストは、組織の機能的な要請に基づいて設置され、そのポストに適した人材を就かせるのが筋である。

その意味では給与・賞与のような純然たる報酬、インセンティブとは性質が異なる。したがって、役職ポストで従業員を動機づけるには限界があるといえよう。

いずれにしても、給与・賞与や役職ポストというコストのかかるインセンティブが十分に使えなくなってきた今日、組織としてはコストをかけずに従業員の〝やる気〟を高める方法を探さなければならないのである。

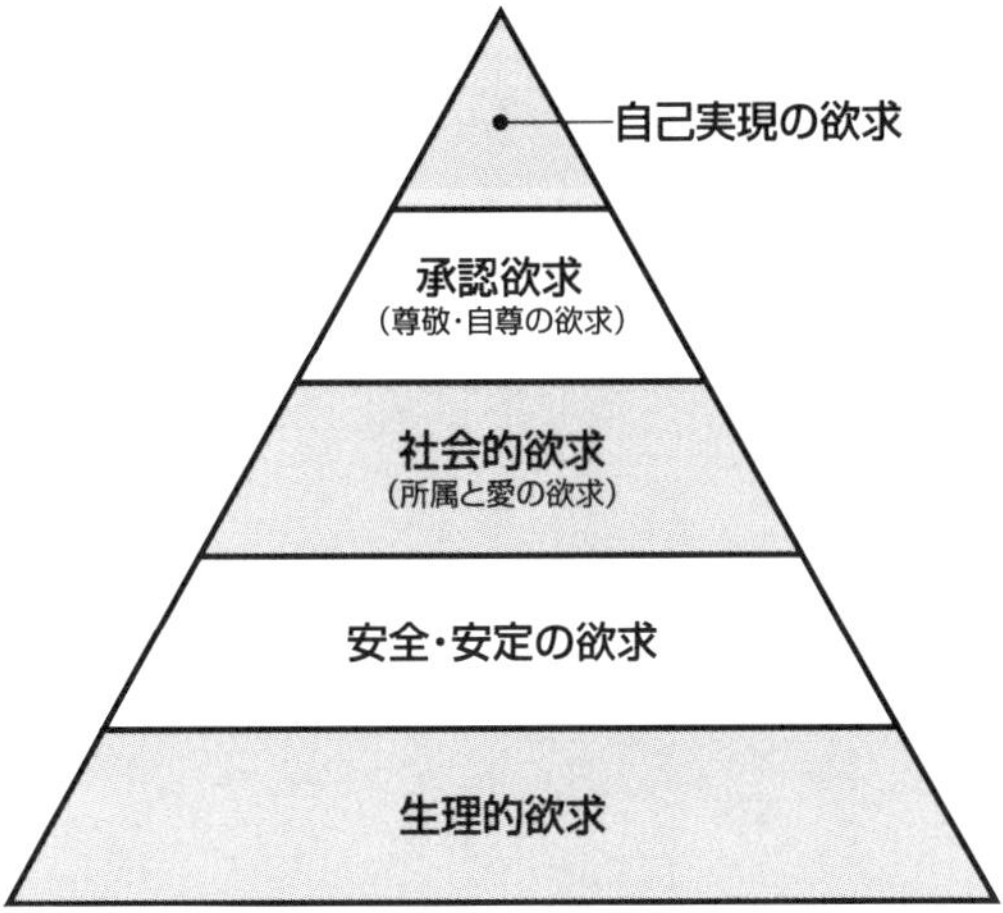

欲求階層説（マズロー）

欲求の高次化とモチベーションの変化

ところで、従業員の〝やる気〟を引き出すためには、従業員個人の側の変化にも注目する必要がある。

人間のモチベーションの源泉をたどると、そこには欲求がある。

欲求とモチベーションとの関係は複雑だが、呼び起こされる欲求が変化することによって、モチベーションも変化する。

人間の欲求に関する理論の中で、最も広く知られているのはA・H・マズローの「欲求階層説」である（**図表参照**）。

この理論によると、人間の欲求は最も次元の低い生理的欲求から、安全・安定の欲求、社会的欲求（所属と愛の欲求）、承認欲求（尊敬・自尊の欲求）、そして最高次の自己実現欲求にいたる階層をなしている。

下位の欲求がある程度満たされてはじめて上位の欲求が呼び起こされ、下位の欲求はある程度満たされると動機づけの力を失うというのである。

これまで、企業などが従業員を動機づけるために用いてきたインセンティブの中心は給与だった。そこで給与というインセンティブの効果を、この理論に当てはめてみよう。

給与は、いろいろな欲求を満たすことができる。高い給与を得ている人は能力や実績があるとみなされ承認欲求が満たされるし、職種によっては給与の額が達成や自己実現のシンボルにもなる場合もある。

しかし、給与すなわち金銭によって直接満たすことができる欲求は、生理的欲求や安全・安定の欲求のような衣食住にかかわる欲求である。給与が上がればより良い住宅に住み、おいしいものを腹いっぱい食べ、すてきな衣類を身にまとうことができる。

だから高度成長期あたりまでの私たちは、より良い生活を求め、より高い給与に動機づけられてきた。発展途上国などではいまでも、より良い生活のためのより高い給与というのが動機づけの柱になっている。

一方、わが国をはじめ先進国では、経済的に豊かになり、衣食住にかかわる主要な欲求はほぼ満たしてしまった。いまや、いくら良い製品をつくっても、おいしい食品を供給してもなかなか売れない時代だ。

給与で直接満たされる下位の欲求から、給与では直接満たせない上位の欲求へとシフトしてしまったのである。

ただし、給与がどうでもよくなったわけではもちろんない。

F・ハーズバーグは、人間の動機づけにかかわる要因（動機づけ要因）と、動機づけにはつながりにくいが不足すると不満の原因になる要因（衛生要因）の二種類に分類している。

前者には仕事そのもの、達成、承認、責任などが含まれ、後者には会社のポリシーや上司との対人関係などとともに給料が含まれる。

つまり給料は、それによって動機づけられるというより、不足していたり不公平だったりしたとき不満をもたらす要因なのである。

そのことを考えると、特別に高い給料を提供するとか、成果主義を導入することによって従業員の〝やる気〟を引き出そうとしても、限界のあることがわかる。

自発的なモチベーション、〝やる気〟は、より高次の欲求に働きかけ、「動機づけ要因」に含まれるような要因によって引き出さなければならないのである。

2　表彰は〝やる気〟アップの切り札

認められたい日本人

私は、サラリーマンを対象にしたセミナーや研修などの機会に、アンケートや口頭で「いままでの職業生活の中で、やる気が出たのはどんなときか」を具体的に聞いてみることにしている。

すると半数近くの人が、承認欲求に関すること、すなわち周りから認められたりほめられたりした体験やエピソードをあげている。

いくつかの例を紹介しよう。

「お客さんに感謝されたとき」

「仕事ぶりを上司にほめられたとき」

「自分たちの仕事が新聞に取り上げられたとき」

「はじめて役職に就いて、周りの自分を見る目が変わったとき」

「工作機械が使えるようになり、周りから一人前扱いされるようになったとき」

このように、多くの人にとって承認が重要な〝やる気〟の源泉になっているのである。

マズローの欲求階層説によると承認は自己実現より下位の欲求であるが、企業のマネジャーなど従業員の態度や行動をつねに観察している人は、「自己実現欲求より承認欲求によって動機づけられている者のほうがはるかに多い」と実感を語る。

その理由として、本人の置かれている仕事や環境に起因する場合もあるだろうが、周囲からの承認によって自己実現しているという可能性もある。承認が自己実現の手段になっているわけである。

とくに日本人は、周囲の人との人間関係を重視し、他人の目をとおして自分を評価するとともに、人間関係の中で態度や行動を決めていく傾向が強い。

人間にとって何をするにも自信が大切であり、それを表す概念として「自己効力感」（A・バンデューラ）や「有能感」（R・W・ホワイト）、「自尊感情」などがある。

これらのうち自己効力感は、自分の環境を効果的に支配できているという感覚を意味する。そして、この自己効力感を得るにはアメリカでは能力の高さを示す外的な成功があればよいのに対し、わが国では単に達成するだけでなく、それが社会的に承認されなければならないといわれている（波多野誼余夫・稲垣佳世子『無気力の心理学』中央公論社、一九八一年）。

このように、とりわけ日本人にとっては周囲からの承認が大切である。

私は人間が金銭を重視し金銭によって動機づけられるという「経済人」仮説に対し、承認を重視し、承認欲求によって動機づけられるという「承認人」仮説を提示しているが、日本人には典型的な「承認人」が多いといえよう。

「楽しい」「面白い」の背後にあるもの

もっとも、こうした見方には異論もある。

「出世や他人の評価を気にせず、マイペースを貫く若者が増えた」とか、「周りから認められることより、楽しいことや面白いことに熱中する者が多い」という声がしばしば聞かれる。たしかに一見すると、他人からの評価や評判に無関心な若者が増えたように感じられる。また、楽しさや面白さを重視する傾向も表れている。

たとえば人材情報会社の毎日コミュニケーションズ（現・マイナビ）が二〇一二年三月卒業予定の大学生に対して行った意識調査によると、「楽しく働きたい」という回答が文系・理系、男女いずれにおいてもトップを占めている。

また、内閣府の「国民生活に関する世論調査」（二〇一〇年度）では「どのような仕事が理想的だと思うか」を聞いているが、二〇代の男性では「自分にとって楽しい仕事」という回答が、「収入が安定している仕事」とほぼ並んで最多となっている（複数回答）。

こうしてみると、若者にとって楽しい仕事、楽しい職場こそ大切だといえそうである。

では、そもそも「楽しい」という感覚はどんなときに経験するのだろうか？

多くの場合、「楽しい」と感じるのは、自分の仕事ぶりや貢献が周囲から認められたり、評価されたりしているときではなかろうか。仲間と一緒に仕事をしているときに「楽しい」と感じるのも、その場で自分が受容され、無数のコミュニケーション、フィードバックが存在するからである。

逆にいうと、最初は楽しく仕事をしていても、周りから無視されたり、低い評価を受けたりしたら楽しくなくなるのがふつうだ。

このように考えると、「楽しい」という感覚の背後にも承認が働いていることがわかる。「楽しければよい」という若者も、けっして承認を必要としていないわけではないのだ。

「出る杭を打つ」風土が壁に

それほど承認が必要であるにもかかわらず、日本人は認めたりほめたりすることが苦手だといわれる。

米国などのように表立って認めたり、ほめたりする風土も存在しない。

それは、「承認」の性質に違いがあるからだと考えられる。

一口に「承認」といっても、いろいろな種類がある。

特別に大きな業績を上げた人、卓越した能力をもっている人、すばらしい個性のある人などをほめたり称えたりする承認。それを私は「表の承認」と呼んでいる。承認といえば、ふつうはこのような承認をイメージする。

ところがわが国では、いくら業績を上げ、優れた能力や個性を発揮していても、それだけでは認められない。

和や秩序を乱してはならず、序列を守り、義理を果たさなければならない。そして、ミスや欠点のないことも大切だ。それによってはじめて認められる。

それを私は「裏の承認」と呼んでいる。いわば減点主義による承認である。

すなわち、わが国では「表の承認」より「裏の承認」が重視されるところに特徴がある。

このように「裏の承認」が重視されるようになったのは、欧米に比べて組織や社会が閉鎖的で移動が少なく、ゼロサム的な構造になっているからではないかと考えられる（拙著『お金より名誉のモチベーション論』東洋経済新報社、二〇〇七年）。

「裏の承認」が支配する組織や社会では、お互いに認め合ったり、ほめ合ったりすることが少ない。逆に「出る杭《くい》」が打たれ、嫉妬や足の引っ張り合いといった非生産的な現象が起きやすい。

その結果、自己効力感や有能感、自尊感情も低くなりがちである。米国人は自己評価が高くなりがちなのに対し、三六〇度評価をすると、日本人の多くは周囲の人の評価より自己評価を低くするそうである(金井壽宏・髙橋潔『組織行動の考え方』東洋経済新報社、二〇〇四年)。

また、学校の児童や生徒、それに看護や介護といった対人サービス従事者などさまざまな領域で、自己肯定感の低さが指摘されている。

そして、自分に自信がもてなければ、大きな目標に向かってチャレンジできないし、成果も上がらない。

日本人の自己評価や自己肯定感がこのように低い原因としては、国民性やさまざまな社会的、心理的な要因が考えられるが、上司や同僚、顧客、クライアント、さらには市民や社会からの「表の承認」が不足していることも一因ではなかろうか。

制度でオーソライズすることの意味

そこで、ほめたり認めたりすることが大切になってくるわけである。

近年、わが国の企業や役所でも、従業員をほめたり認めたりする取り組みが行われるようになった。

たとえば、同僚同士が相手の良い仕事ぶりを目にしたときにそれを称えるカードを贈ったり、社長が従業員にほめるメールを送ったりしているケースがある。

また、職場で「ほめ合いタイム」を設けているところや、客から感謝の声が届いたときに、それを紹介しながら従業員をほめている会社もある。

部下のほめ方、叱り方を教える各種の研修も盛況である。

そして、従業員を上手にほめたり認めたりした場合、従業員の自己効力感、モチベーション、評価・処遇への満足度、組織に対する貢献意欲などが高くなることが明らかになっている（拙著『承認とモチベーション』同文舘出版、二〇一一年）。

また継続して行った研究では、幼稚園の園児や学校の生徒でも効果のあることが判明している（未公刊資料）。

けれども一方では、職場の状況やほめ方によって、ほめることが逆効果になる場合もあることが指摘されている。

その一つが、いわゆる「アンダーマイニング効果」である。

E・L・デシらの研究によれば、内発的、すなわち仕事そのものに動機づけられているときに外から報酬が与えられると、内発的なモチベーションが高まるどころか、かえって低下する場合がある。

外的報酬（外から与えられる報酬）が統制の手段として受け取られた場合に、内発的モチベーションを低下させるのである。

ここでいう「外的報酬」には、金銭や地位などのほか、広く解釈するならほめ言葉も含まれる。

したがって、「統制されている」という感覚を相手に与えるようなほめ方は、動機づけに逆効果だということになる。

ほめられるとうれしい反面、期待に応えなければならないという負担を感じて純粋なやる気が失せることは、多くの人が経験しているだろう。

もう一つは、周囲からのねたみや嫌がらせなどを引き起こす可能性である。集団の中で特定の者がほめられたとき、集団の人間関係にひびが入り、ほめられた人自身が不快な思いをしたり、不利益を受けたりする場合がある。

とくに、上司の個人的な好き嫌いや偏見など不合理な要素が入り込む余地のある場合、そうした人間関係の問題がいっそう生じやすい。そのため現場では、特定の部下をほめることをためらう管理職も多い。

そこに表彰が活用できる。

表彰は公式な制度としての承認である。組織やそれを代表する人、もしくは集団のはっきりとした意思表明である。

そのため、受賞者本人はそれを誇れるし、ほかの人はそれを受け入れざるをえない。すなわち表彰にはそれだけの権威があるわけである。

もっとも、第Ⅲ部で述べるように表彰にはタイプがあり、そのタイプによって権威の大きさは異なる。また、選考基準や選考のプロセスなどによっても権威は左右される。そして表彰の効果にも自ずと差が出てくる。

いずれにしても、ほめることが嫉妬や人間関係の摩擦といった副作用を生みやすいわが国では、表彰という制度化された承認がとくに必要と考えられる。

また、ほめる文化が希薄なわが国では、言葉としてほめるときには照れたりわざとらしくなったりするので、管理職や上司といえどもほめるのが苦手な人が多い。

その点でも表彰のように制度化したほうがやりやすい。

このようにわが国には、表彰に対する潜在的な需要は大きく、とくにわが国の組織や社会に必要な制度であるといえよう。

3　多方面に波及するその効果

従業員のやる気がアップ

表彰の効果は多方面に広がる。実際、表彰制度を導入した結果、思わぬ副産物があったという会社が多い。では、実際にどんな効果があるのか？

まず、直接的な効果から説明しよう。

第一は、やはり従業員のやる気、モチベーションが上がるということだ。

すでに述べたように、人間には承認欲求、すなわち周りから認められたいという欲求があり、表彰されるとそれがストレートに満たされる。

しかも、表彰という形で公式に認められることで、自己効力感や有能感の向上、平たく言うと自分の能力に対する自信がつく。「やればできる」と信じられるわけである。

とりわけ日本人は、自己効力感や有能感も周囲との関係の中で満たされる傾向が強いので、表彰され周囲から認められたと実感したら、他人の前で堂々と発言できるようになるとか、周囲への発言力が増すといった人間関係上の好影響が表れる。

自尊心が高まるので、高まった自己イメージと合致するような善い行いをするようにもなる。

また、同僚やライバルが受賞すると刺激になり、「つぎは自分も……」と張り切る人もいる。

それを裏づけるように、表彰制度を導入したところの多くが、従業員のモチベーションアップにプラスになったと答えている。

しかも、その効果は個人レベルにとどまらない。

表彰には、個人を対象にするもののほか、チーム、店舗、営業所、部課といった集団や組織を対象にするものがある。みんなで賞をめざせば自ずと職場の士気が上がるし、受賞すればさらに仲間同士の結束が強まり、チームワークもよくなる。

そのため、とくに集団や組織単位での仕事が大きな比重を占め、個人プレーよりチームワークを重視するところでは、集団・組織を対象にした表彰を取り入れているところが多い。

チャレンジングな職場風土に

第二に、表彰には一種のメッセージ効果がある。

組織として従業員にどのような態度や行動、成果を求めているか、表彰を通してメッセージが発信されるわけである。

受賞者を見れば、メンバーは何をすべきか、何が求められているかがわかる。

それを利用して、受け身で消極的な職場風土をチャレンジングで積極的な職場風土に変えることもできる。

従業員が仕事でミスをしたとき、厳しく叱責したり厳罰を科したりすると、従業員は萎縮し、リスクをともなう仕事はしなくなる。また、ミスを隠そうとし、それがさらなるミスや事故を生むといった悪循環が生じる。そこで発想を転換するのである。

前向きに挑戦した結果ミスをした従業員に「大失敗賞」を贈っている大阪の太陽パーツ（五六ページ）では、この賞を贈るようになってから「従業員が失敗を恐れず、前向きに挑戦するようになった」という。

いくら口先で「向こう傷は問わない」と言っても、それだけではなかなか信用されない。全従業員の前で賞を贈ることで、社長からのメッセージが全従業員にハッキリとした形で伝わったのである。

もちろん業種や職種によっては、リスクを冒した挑戦を促すことはできない。医療や交通などのように安全を最優先しなければならない仕事もある。

そのような仕事では、正しいプロセスをキチッとこなしているか、あるいは「ヒヤリ・ハット」を減らすように努力しているか、小さなトラブルが大事故につながらないような対応ができているか、といったところに焦点を当てて表彰するとよいだろう。

職場の風土を変えるという点では、表彰式のセレモニーにもまた意味がある。月に一度、あるいは年に一度というように定期的に表彰式が開かれると、場が盛り上がり、職場の雰囲気もよくなる。

しばしば「形から入れ」といわれるように、最初はぎこちなさや照れくささがあっても、続けているうちに、相手を認め賞讃する体質に変わる。すなわち、「表の承認」が自然に行われる風土が形成されてくるわけである。

実際、組織として戦略的に表彰をたくさん取り入れ、表彰式などのセレモニーに趣向を凝らしている会社も少なくない。

従業員の不満が消え、上司との人間関係も良好に

第三に、表彰は、人間関係や信頼感にも好影響を与える。

だれでも、自分の努力や貢献が認められたらうれしい。逆に、人知れず苦労させられていると思えば不満がたまり、やる気も失せる。

そこで大切なのが、コツコツと努力している人、陰で組織や仲間を支え地道に貢献している人を認め、称えることである。

たとえ金銭や地位などで報われなくても、努力や貢献が認められただけで不満が解消される

ことも多い。

そして、このように、陰で努力し貢献している人に光を当て表彰することで、従業員は、仕事をえり好みせず陰日向なく働くようになる。また配属先によって意欲をなくすような人も減らせる。

上司と部下との人間関係もよくなる。

部下の隠れた努力や貢献を発掘し、表彰しようとすると、上司の関心や視線は自ずと部下の態度や行動のポジティブな側面に注がれる。上司の「目線」が上がるわけである。

それは部下にも伝わる。上司が自分の良いところ、隠れた努力や貢献を見つけようとしてくれていると思えば、部下の側も上司に対して好意的になる。

このような相互作用によって、上司と部下との人間関係が良好になっていくのである。

無用なプレッシャーや〝イジメ〟を防ぐ

さらに、表彰制度の導入には、間接的、副次的な効果も期待できる。

職場の人間関係は、そこに個々人の利害や微妙な心理、感情がからむだけに難しい。なかには、つぎのようなケースもある。

若手従業員のAさんはたいへん意欲的で、毎朝七時に出勤してオフィスの掃除をしている。

あるとき上司がそのことを朝礼で紹介し、みんなの前でほめ称えた。彼には周囲の人たちから拍手が送られたが、それからだんだんと仲間が遠ざかっていくようになった。

同僚の間からは、「Aさんはいい恰好をしすぎだ」とか、「彼のお陰で自分たちも早く出勤しなければならなくなる」といった不満の声が漏れ聞こえる。

Aさんはよかれと思ってしているにもかかわらず、職場に思わぬ波紋が広がり、彼自身も追い込まれていった。

会社としては、一方でAさんの行為を称えたいが、他方で職場の人間関係も悪くしてはいけない。

そんなときにも表彰が使える。

Aさんの努力と貢献に対して賞を贈る。ただし、それ以上でもそれ以下でもないと念を押すことを忘れずに。そうすればAさんの努力と貢献は報いられ、周囲に過剰なプレッシャーを与えることもなかろう。

ちなみに第Ⅱ部で紹介する吉寿屋《よしや》（一四六ページ）では、会長が従業員に高額の賞金を贈る際に「君の過去の貢献に感謝したいだけだ。将来の貢献を期待して表彰したのではない」とつけ加えるそうだ。

このように表彰には、目に見えぬ貸し借りを「精算」する効果も隠れているのである。

また、イジメを防ぐ効果もあるといわれている。

メンバーの関心が相手のマイナス面に注がれたり、職場の空気が陰鬱になったりすると、イジメや嫉妬、足の引っ張り合いといったよくない現象が起きやすい。

相手の良いところを探して称える表彰は、それと反対の作用をもたらすので、自ずとイジメを防ぐことにつながるのである。

学校教育の現場でも、教師や地域の人々が生徒を積極的にほめる取り組みをしたり、生徒同士が表彰し合ったりしているところでは、人間関係がよくなりイジメも減ったことが報告されている。

顧客との関係にもプラス

表彰には、そのほかにもさまざまな副次的効果がある。

従業員を定期的に表彰しようと思えば、管理職や上司は、部下の長所、努力、貢献を見いださなければならない。それが加点評価に必要な眼力を高め、自らのリーダーシップを向上させることにもつながる。

また、候補者をエントリーさせるタイプの表彰では、チームや個人が実績や努力の跡をプレゼンし、審査員にアピールする。その過程では、表現力や積極性が養われるし、審査員は評価能力が磨かれる。

いずれの場合にも、表彰式というオープンな場で評価結果、審査結果が公表されるため、評価する側は手を抜くことができない。評価する側が、逆に評価されるのである。

さらに、表彰に顧客も巻き込めば、従業員と顧客との関係をよくすることに役立つし、会社や店舗に対する顧客のイメージをアップさせることもできる。

レストランやホテルなどでは最近、従業員のサービスについて顧客にアンケートを取るところが増えている。アンケートの中身は、サービスの善し悪しや改善を求める点などを答えさせるのが通例だが、なかにはサービスや笑顔がとくに良かったスタッフの名前を書かせたり、客にベストスタッフを投票させたりしているところもある。

アンケートや投票で高い評価を得たスタッフは、社内で表彰される。そのためスタッフは、客に対して満足されるサービスを提供し、すてきな笑顔を見せようと動機づけられる。

大事なのは、それが減点評価ではなく、あくまでも「ご褒美」につながるという点である。したがって強制されているという感覚はない。

一方、客もまたベストのスタッフを探すので加点評価になる。そして、客が自分たちの良い部分を探してくれていると感じたら、スタッフの側から自ずとサービス精神もわいてくる。

このようにしてスタッフと客との間に好循環が生まれ、明るくなごやかな空気が醸《かも》し出される。それがさらに、店や会社に対するイメージ向上にもつながるわけである。

若手の定着にも一役

　ところでいま、多くの企業や病院、福祉施設などでは若手のリテンション（人材確保）が大きな課題になっている。

　一昔ほど前に「七五三」（新卒採用後の三年間で中卒の七割、高卒の五割、大卒の三割が辞めるという意味）という言葉がはやったが、不況下でもその数値に大きな変化はない。業種や職種、また組織の規模によってはその数字よりもはるかに離職率が高く、業務の正常な運営に支障をきたしているところも少なくない。

　では、離職の原因は何かというと、最も多いのが職場の人間関係である。たとえばリクルートの関連会社、リクナビNEXTが二〇〇五年に行った調査によれば、退職理由のホンネとして「上司との人間関係」をあげる者がダントツであり、「同僚・先輩・後輩との人間関係」をあげる者も多い。

　つぎのようなエピソードもある。

　日本を代表する某メーカーで、かつて若手従業員が大量に辞めていったことがあった。当初は、他社から高給で引き抜かれたのではないかと思われていたが、退職者を追跡調査してみると、「上司や先輩から認めてもらえなかった」ことが主な離職理由だと判明したそうである。業務が多忙な時期だったので、部下や後輩に気を配る余裕が欠けていたのだ。

とりわけ近年は、多くの企業が採用を抑制しているため、職場に若手が少なくなり、若い従業員が孤立するケースが増えている。

若手従業員を巻き込み、参画意識をもたせるためのツールとして、また職場の人間関係を改善する手段としても表彰制度は使える。

実際に表彰制度を取り入れるようになってから、若手の定着率がよくなったという現場の声がしばしば聞かれる。

また私が最近行った研究でも、病院の看護師が上司から承認されると「安定した出勤意欲」の向上につながることが判明した（前掲『承認とモチベーション』）。

つまり承認のツールとして表彰制度を取り入れることで、欠勤や離職を減らせる可能性があるわけだ。

さらに、ゲーム感覚の表彰制度（第Ⅲ部で紹介する「HR型」の表彰）を取り入れ、若手が楽しみながら仕事をしている会社からは、会社のイメージがよくなり、応募者が増えて採用に苦労しなくなったという声も届いている。

採用難に悩む中小企業の経営者や採用担当者は耳を傾けるべきではないか。

このように、表彰制度の効果は多方面に波及する。第Ⅱ部では、具体的なケースをとおして、表彰制度の導入方法やその効果について見ていくことにしよう。

第Ⅱ部

こんなに使える表彰制度

日本表彰研究所

※本文中の「会社の概要」は、とくに表記しているもの以外は２０１３年現在の情報になります。

1
製造業の事例

3S活動をもとに業務改善と人材育成を実現

製造業の事例

共進精機株式会社

共進精機株式会社は、一部上場の大手メーカーなどのいわゆる「協力企業」として、半導体製造装置、精密機械・光学機器・印刷・製版装置に関する精密加工および、各種治具の製造・組立などを行っている。本社・工場ともに京都市にある。企業理念として、「企業の繁栄とともに従業員の生活向上」「皆の一つ一つの進歩が将来の企業基盤」を掲げている。

◉会社の概要

1968年設立
本社所在地：京都府
代表取締役：清水 武
従業員数：36名
資本金：1500万円
取り入れている表彰制度：グループの3S活動および報告に対する優秀賞、努力賞

【表彰制度の内容】

製造業である同社は3S（整理・整頓・清掃）活動に力を入れており、二〇〇二年からこの3S活動に表彰制度を関連づけている。

3S活動コンサルタントとして著名な大山繁喜氏からレクチャーを受け、職種で分けられた四〜一〇人程度のグループごとに3S活動を行う。各グループではリーダーが一年単位で選ばれ、とりまとめ役をする。

パート従業員や派遣従業員も一緒に活動し、パートがグループリーダーとして選ばれた年もあるそうだ。

3S活動を推進する事務局のとりまとめのもと、毎月月末に経過報告にあたる「勉強会」が開かれる。

そして毎年八月下旬に、全従業員が一堂に会した発表会が行われ、グループごとに一年間の3S活動の過程と成果を報告。「優秀賞」と「努力賞」が選ばれ、表彰される。

【選考方法】

発表会では、会長、社長、部長、3S活動コンサルタントの大山氏、また、その年により他社から招かれたゲストが審査員となる。

発表会当日までに各グループは、一年の間に行ってきた3S活動を図・写真と文章でまとめた「報文集」と呼ばれる冊子を作成する。そして発表会当日、その「報文集」が従業員全員と審査員に渡され、内容をプロジェクターで映し出しながら、各グループもち時間二〇分でプレゼンテーションを行う。

審査員はその場で採点する。審査の対象となるのは、①発表者の表現力、②3S活動への取り組み内容、③KPI（組織の目標を達成するための重要な業績評価指標）への取り組み内容、④「報文集」の構成の四項目である。

この四項目それぞれについて、各審査員は、①は二〇点満点、②〜④は一〇点満点の合計五〇点満点で採点する。

発表会終了後すぐに、審査員全員の点数が集計される。

【表彰の方法・演出】

最高点を取ったグループに「優秀賞」が、次点である一つまたは二つのグループに「努力賞」が与えられる。

結果は、発表会の熱気が冷めないように一時間以内に発表される。

各賞が発表されると、各受賞グループのリーダーに表彰状と賞金が贈られる。「優秀賞」は賞金三万円、「努力賞」は賞金一万円。その賞金で、グループのメンバー全員で受賞を祝うそうだ。

［導入した経緯］

一九九七年から、現社長である清水氏は、顧客先である大手メーカーのある工場で、構内下請けの業務を行う「協力企業」が集まる勉強会に参加していた。

そこでは、生産効率を上げるための方法を企業同士で発表し合い、成果を上げている「協力企業」が表彰されていた。

相互に情報共有し、また競争することで相互の力を上げていたのだ。

現会長で創業者である中村孝氏はその様子を聞いて、自社を活性化させるためには3S活動を社内に根づかせることが何より大切だと考えた。

その手段として、自分自身が体験した「協力企業同士の切磋琢磨による全体的な力の向上」の仕組みを取り入れるべく、表彰を連動させることで、よりいっそう3S活動を促進させようと考えた。

じつは同社は一九九七年に、社内活性化のための取り組みの一つとして、従業員にさまざまな業務改善に対する提案を提出してもらう「提案制度」を導入し、優れた提案に対する表彰を行っていたことがあった。

だが、導入当初は、従業員からの提案がなかなか出てこなかった。一年目は年間でわずか一〇案ほどだったそうだ。

そこで、提案を出した従業員には、一案につきテレホンカード一枚を付与し、提案の発表会を兼ねた表彰式も実施した。

しかしながら、三回行っても、あまり盛り上がらないのでやめてしまった。

それから三年後の二〇〇二年、3S活動を従業員にうまく浸透させるために、一度は自然消滅してしまった「表彰制度」が再導入されたというわけである。

［表彰制度の効果］

3S活動を表彰と絡めて推進したことで、より効率的な動線が確保され、生産効率を維持できるようになったという。

従業員間のコミュニケーションの場もつくられ、リーダーに選ばれた者にはリーダーシップが自然に身につくなど人材育成にも役立っているそうだ。

また、審査では「発表者の表現力」を重視していることもプラス効果を生んでいる。同社は技術者が多く、人前での発表や資料作成を苦手とする従業員が多かったそうだが、発表会ではその場でフィードバックを受けるため、話すことに慣れ、資料のつくり方、見せ方も上達してきたという。

社内革新研究会事務局の稲垣勇製造課長によると、3S活動の結果を発表するだけなのと、表彰されるというのとでは、従業員のモチベーションがまったく違うそうである。表彰があるから、もう一踏ん張りできるのだという。

従業員の間でも、毎年「報文集」をつくる過程で、「今年はあのグループが賞を取るかもしれない」などと話題になり、賞が取れなければ、「来年こそは！」と気合いを入れてがんばるそうだ。

橘　雅恵

「大失敗賞」が社内風土を変える！

製造業の事例

太陽パーツ株式会社

大阪府堺市に本社を置く機械部品メーカー。社内には部品事業部と住宅建材事業部があり、板金加工、アルミ押出、プレス加工、ダイカスト、切削加工《せっさくかこう》などを行っている。

◉会社の概要
1983年設立
本社所在地：大阪府
代表取締役：城岡陽志
従業員数：85名（連結：350名）
資本金：3000万円
取り入れている表彰制度：大失敗賞、社長賞、優秀賞、努力賞、縁の下の力持ち賞、良い所探し大賞など

［表彰制度の内容］

○「大失敗賞」

前向きな挑戦をしたにもかかわらず結果的に失敗した人を表彰する。

半年に一度開かれる経営発表会の場で表彰され、受賞者には賞状とともに金一封（二万円）が贈られる。

○「縁の下の力持ち賞」

ふだん陰日向なく努力し続けている人にスポットライトを当てようという趣旨から設けられた賞。

原則として月に一度、各部門（二部門）から一人ずつ表彰される。

○「良い所探し大賞」

従業員同士がお互いに良いところを見つけて朝礼などで発表し、その回数が最も多かった人に贈られる。

［選考方法］

部門長クラスからなる「報奨委員会」で候補者を推薦し、役員が最終的に判断して受賞者を決定する。

【導入した経緯】

従業員が仕事でミスをしたとき、厳しく叱責したり厳罰を科したりすると、従業員は萎縮し、リスクをともなう仕事はしなくなる。また、ミスを隠そうとし、それがさらなるミスや事故を生むといった悪循環が生じる。

そこで同社では、従業員に前向きな挑戦を促し、また失敗情報を全従業員が共有することでミスを減らすため、前向きな挑戦をして失敗した従業員を表彰することにした。

【受賞者の具体例】

製品開発に携わっていたある従業員は、企画・生産した商品が返品の山となったため、会社の年間利益に相当するほどの損害を与えてしまった。

しかし、前向きに挑戦した結果なので会社としてはあえて本人の責任を問わず、逆に「大失敗賞」を贈った。

彼は、賞金で買ったネクタイピンを目にするたびに、失敗をくり返さないよう自分を戒めているそうだ。

また別の従業員は、会社の利益を大幅に増やそうと先行投資して金型をつくった。ところが結果的にお客さんからの注文がなく、損失が生じた。

けれども、それを単なる失敗に終わらせず、自らスケジュール管理表を作成し、会社にノウハウを残したことが評価されて「大失敗賞」を受賞した。

城岡陽志社長自身もまた受賞者の一人だ。

二〇〇六年に城岡社長は、受注拡大を見込んで製品内製化のために設備投資をした。しかし、これまた見込み違いで投資が無駄になった。

ただ挑戦することの大切さを身をもって示したという理由から、「大失敗賞」を授賞された。


【表彰制度の効果】


「大失敗賞」を受賞した従業員はそれを契機にいちだんとがんばるようになり、翌年に社長賞を取ったケースが多い。

また、かつては役職に就いている従業員はともかく、そうでない従業員は挑戦意欲が乏しいのが実態だったが、「大失敗賞」を取り入れてから、役職に就いていない従業員でも挑戦する風土に変わってきたという。

太田　肇

社員のがんばりを賞讃し、互いに認め合う環境をつくる

製造業の事例

アサヒ・ドリーム・クリエイト株式会社

アサヒ・ドリーム・クリエイト株式会社は、大阪府枚方市に本社を置く、販売促進用POPやディスプレイなどを製造加工する会社だ。大判インクジェット出力、ウッドラックパネル加工、印刷物表面加工なども手掛け、「エンジョイ・カンパニー」を経営理念としている。

◉会社の概要
1966年設立
本社所在地：大阪府
代表取締役：橋本英雄
従業員数：60名
資本金：1000万円
取り入れている表彰制度：社長賞、年間表彰

【表彰制度の内容】

同社には、毎月表彰が行われる「社長賞」と、年に一回行われる「年間表彰」がある。「社長賞」の受賞対象者は、基本的にリーダー以外の現場従業員に限られる。リーダーは賞讃される機会が多いからというのがその理由だ。ふだんは目立ちにくいが重要な働きをしている、できるだけ多くの現場社員にスポットライトを当てたいというのが社長の思いなのだ。

一方、「年間表彰」は、リーダーを中心に経営理念の実現や業績に貢献した社員を表彰する。業績が伸びた際には、すべてのリーダーに賞を贈るということもあるそうだ。

一般的に、表彰制度はタイトルが事前に決まっている場合がほとんどだが、同社の場合は、受賞者が決定するまで決まらない。賞のタイトルが毎回表彰理由によって変わるからだ。

たとえば、これまでのタイトルには、つぎのようなものがある。

「積み重ね努力賞」「改善クリエイティブ賞」「献身的ワーク大感謝賞」「全員盛り上がり貢献賞」「陰ひなたに尽力したで賞」。

表彰状の文面も毎回異なる。まず、各事業部のリーダーが原案を作成し、社長の橋本英雄氏が、受賞者の表彰にいたるまでの話を埋め込むようにまとめあげる。

【選考方法】

月次の「社長賞」は、最初に各事業部のリーダーが、担当部署から表彰に値すると思う者を推薦する。

リーダーから推薦された者の中から、最終的に社長が受賞者を決定する。表彰されるのは一人。

年間表彰は、社員の一年の貢献を評価し、社長が独自に受賞者を決める。

月次の受賞者が一人なのに対し、年間表彰は該当者がいるかぎり何人でも表彰する。

二〇一一年は六名、二〇一二年は一〇名が受賞した。

なお、月次の表彰を受けた人が、同じ年に年間表彰を受賞することもある。

【表彰の方法・演出】

毎月の表彰は、月一回の全体会議の際に行われる。

受賞者に贈られるのは表彰状のみ。

年間表彰は、経営計画発表会の際に行われる。

受賞者には、表彰状のほかに副賞が贈られる。

副賞は、社長と一緒に食事をするか、自分が好きな物を買う権利か、どちらか好きなほうを選ぶことができる。

受賞者の中には後者の権利を使い、社内で皆が遊ぶためのサッカーボールを買った従業員もいるそうだ。金額は数千円程度とのことである。

同社の表彰制度は、社員の競争心をあおるのではなく、がんばったメンバーを心から賞讃できるような文化を築くことに重点を置いている。

そのため表彰式では、出席者全員から温かい拍手が起こるそうだ。

表彰式の演出方法については、今後の課題とのことである。

［導入した経緯］

社長の橋本氏が、同社入社前に在籍していたリクルートでの経験と、社会人になってから参加した勉強会での学びが、表彰制度導入のきっかけだった。

「人を喜ばせたい」という気持ちを強くもつ橋本氏は、自身の経験をもとに、それまで表彰制度がなかった同社に、自分が社長になったらすぐに表彰制度を導入しようと考えていた。

しかし、先代社長と経営に対する考え方が異なっていたことから、社長就任一年目は表彰制度を導入することができなかった。

同社が表彰制度を導入するようになったのは、橋本氏が社内のことをある程度掌握できた、社長交代二年目の二〇〇五年以降のことだった。

【受賞者の具体例】

これは、ある月の表彰タイトルと表彰文面である。

●積み重ね努力賞

「あなたはリーダー不在という緊急事態にもかかわらず、強い責任感とチームワークの発揮で、業務の滞りない進行に大きく貢献しました。これまでの努力の積み重ねがあったからこその成果だと確信します。その実績を称え、ここに表彰します。」

【表彰制度の効果】

表彰制度の最大の効果は、何より従業員が喜んでくれることだ。

今後は、お互いを認め合い、ほめ合う土壌をさらに醸成し、表彰の効果を最大限に発揮させることができる環境をつくっていきたいという。

【その他のモラールアップ策】

同社では表彰制度以外にも、従業員がお互いに認め合い感謝し合う社風をつくるために、「おおきにカード」を贈るということをしている。

「おおきにカード」とは、自分がだれかに感謝の気持ちを感じたときに、ありがとうの気持ちをメッセージとして書いて渡すカードのことだ。社内の若手従業員で構成されている委員会からの提案で始まった。

「おおきにカード」を一定数以上贈った人には、もれなくクオカードをプレゼントしている。

また、毎月たくさん贈った人、たくさんもらった人の中から、上位各五名を表彰し、金一封を贈っている。

田村信夫

選定基準を柔軟にして形骸化していた制度を一新！

製造業の事例

株式会社ニノテック

株式会社ニノテックは、福島県郡山市に本社を置き、宮城県と栃木県、東北地方を基盤にする会社だ。オフィスや工場で稼働するさまざまなシステムや設備を構築する。

◉会社の概要
1946年設立
本社所在地：福島県
代表取締役：樽川 啓
従業員数：174名
資本金：9800万円
取り入れている表彰制度：優秀賞、努力賞、特別賞

［表彰制度の内容］

同社の表彰制度の特徴は、〝柔軟〟であるということだ。

表彰の種類は、「優秀賞」「努力賞」「特別賞」の三種類のみ。「優秀賞」には賞状と賞金三万円、「努力賞」には賞状と賞金一万円。そして、年間を通じてとくに優秀と認められると、「特別賞」として賞状と賞金一〇万～三〇万円が授与される。

「各部門で目立った成果を上げた個人またはグループを表彰する」とあるが、業務外のことでもかまわない。

対象者なしということもあれば、受賞者多数の場合の上限もない、という柔軟な制度になっている。

たとえば、社内でエコウォークを企画・実行した六〇代の従業員は、「従業員の相互の親睦に中心的役割を果たし、自らもウォーキングに取り組み、青森～東京間完歩という記録を残した」と評価され、「努力賞」を受賞した。

さらに、ルールは毎年見直される。

中小企業は限られた人員に依存しているので、人員の変化に応じて制度も柔軟に変えていかなければならない。毎年見直し、そのときの組織にとって少しでもよい方向へ変えていけばよい、という考えだ。

【選考方法】

受賞者の選考は、課長が推薦したい部下を管理本部に申請し、審査を受ける。

部長を中心にした戦略会議で、あらかじめ推薦者である課長から細かく推薦理由をヒアリングした部長が、なぜその部下を推薦したのかプレゼンテーションする。それに対し、ほかの部長が評価し、戦略会議メンバー全員で最終判断をくだす仕組みだ。

最初はなかなか推薦があがってこなかったそうだが、制度の責任者である総務部長が折にふれ、「○○部の○○さんは、推薦に値するのではないでしょうか?」などと根気強く促すことで徐々に意識づけが進み、推薦があがるようになったという。

営業成績など数値で評価するのであれば一目瞭然だが、どんなことでも対象になり得るため、とくに推薦者である課長の感性が大切だという。

アンテナを高くしていないと、表彰の対象となる部下の行動を見逃す恐れがある。頭を柔軟にすることで、「この行動は評価できる。そういえば、あの企画も対象になるな」と気づくことができるそうだ。

【表彰の方法・演出】

表彰式は、月に一度、社長以下経営幹部が出席する経営会議で行われる。

受賞者本人が出席し、受賞にいたった経緯や背景、思いを、自らプレゼンテーションする。

社内報にも掲載され、全社で好事例として共有される。

［導入した経緯］

表彰制度はかなり以前からあったが、表彰理由は営業成績による評価のみだったため、同じ人ばかりが受賞しており、ほぼ形骸化していたという。

あるとき管理部門の責任者から、「もっと表彰制度を活かしましょう」と提案があり、業績だけを見るのでなく、だれでもチャンスを得られるよう、業務外のことも含め、幅広く柔軟に対象を広げて表彰しようということになり、二〇〇六年から現在の形になった。

［受賞者の具体例］

同社において表彰がよい効果を生んだ一例に、こんなエピソードがある。

技術部門に、一匹狼でいわゆる〝職人気質〟の従業員がいた。

技術には自信があるが、チームワークが苦手なことから、組織人としてはマイナス評価をされていた。「自分は必要とされていないのでは？」とまで考え、社内の人と接するのが嫌になっていった。

ところが、新たに上司となった部長が彼の技術を認め、表彰の対象として推薦するよう課長に命じた。

結果、その従業員は、個人表彰、グループ表彰と立て続けに表彰された。

一方、組織人としてはやはり課題があるとして降格となった。

それでも彼は、自分が自信をもっていた技術面を認めてもらったことがうれしかったようで、仕事ぶりや人との接し方が見違えるように変わったという。

そのほかにも、元々研究熱心だが、その分、工数がかかりすぎると評価が高くなかった開発担当エンジニアが、ある取引先の工場でこだわりの商品を一生懸命提案したことで表彰された。するとたちまちやる気に火がつき、最終的には取引先の本社も巻き込み、全国で同社の商品が導入されるようになった例もあるそうだ。

［表彰制度の効果］

表彰制度を活用することにより、ゴールさえ明確に指示すれば、そこへ向かうプロセスについてはしっかりと自分の頭で考え行動する「自走社員」が育っているという。

また、表彰制度の活用がうまくいったいちばんのポイントは、できるだけ多くの従業員が対象になるよう、選定基準を柔軟にしたこと。

いまでは、自然に「良いところを探そう」という視点で相手を見る風潮が、社内に根づいてきている。

［その他のモラールアップ策］

以前は表彰制度より懲罰委員会のほうが目立って機能し、罰することで社内の統制を取るというスタイルだった。

創業から三代目になる現在の樽川啓社長の代になると、何かトラブルがあっても、「原因は人ではなく仕組みが悪いから」と社長自らが意識を変えていったという。

ほめることはしても罰することがなくなったことで、いい情報だけでなく悪い情報もスムーズにあがってくるようになったそうだ。

いまでは、たった数千円のクレームも、上層部まで漏れなくきちんと伝わる仕組みになっているという。

松下慶子

2 飲食・サービス業の事例

重層的な表彰制度で社員のやる気を盛り上げる

飲食・サービス業の事例

株式会社サイバーエージェント

サイバーエージェントは、スマートフォン向けサービスなどを提供する総合サービス企業。現在、「Ameba」関連事業、インターネットメディア事業、インターネット広告事業、投資育成事業の四事業を展開している。

◉会社の概要
1998年設立
本社所在地：東京都
代表取締役社長：藤田 晋
従業員数：2500名（連結）
資本金：72億300万円
取り入れている表彰制度：ベストプレーヤー賞、ベストマネジャー賞、ベストクリエイター賞、ベストスタッフ賞、ベストエンジニア賞、ベストプロデューサー賞、ベストプロダクト賞、ベストプロジェクト賞、CAJJ賞、社長賞、新人賞、中途新人賞、MVPなど

【表彰制度の内容】

最も華やかで権威のある表彰として、半期ごとに表彰される「ベストプレーヤー賞」「ベストマネジャー賞」「ベストクリエイター賞」「ベストスタッフ賞」「ベストエンジニア賞」「ベストプロデューサー賞」「ベストプロダクト賞」「ベストプロジェクト賞」「CAJJ賞」「社長賞」「新人賞」「中途新人賞」の一二の賞が設けられている。

部署ごとに毎月の締め会で行われる表彰もある。その月の成果に基づいてマネジャーや担当役員が受賞者を決定することになっていて、部署ごとに「ベストマネジャー賞」「ベストプロジェクト賞」「MVP」といった賞が用意されている。

【選考方法】

いずれの賞も、従業員であればだれでも候補者を推薦できる。推薦された候補者については、役員会で受賞者を決定する。

一般に従業員の注目度が高い賞ほど、選考基準やプロセスの公平性、透明性が要求されるが、この会社の表彰制度は、全従業員に推薦の機会が与えられ、現場の声も反映されるので、選考プロセスに対する納得感が大きい。

【表彰の方法・演出】

とくに半期ごとに表彰される賞については、受賞者には、賞金のほか副賞としてＡｍｅｂａオリジナルデザインのカメラ、パソコンといったグッズなどが贈られる。いずれも受賞者の数だけしかつくらない特注品だ。

だれが受賞するかは当日までわからず、表彰式はレッドカーペットの上で華やかに行われるなど演出にも力を入れている。

従業員にとっては、「いつか自分も受賞したい」とあこがれる賞である。

【導入した経緯】

受賞者を皆で称え、社員のモチベーションを高めようという趣旨で、会社設立数年後に導入された。

【表彰制度の効果】

半期の実績が問われる賞、毎月の成果で表彰される賞、と期間が決められているため、従業員は期間内に成果を上げるよう集中する。

それがモチベーションにつながっているといわれる。

また、レベルの異なる複数の賞が存在するので、従業員にとっては表彰される機会が多くある。表彰と、ほめる文化づくり、従業員のキャリアアップがリンクされているので、会社全体の活性化にも役立っているようだ。

［その他のモラールアップ策］

表彰制度以外にも、同社にはさまざまな動機づけの仕掛けがある。

その一つが「トピックスメール」で、仕事で貢献したり成果を上げたりした人がいたら、その人の上司、同僚、部下が、貢献や成果を称えるメールを部署のメーリングリストに流す。色文字や写真を使ったＨＴＭＬメールにすることで、読ませる工夫をしており、それを読んだ人がまたメールでほめる。

部署によっては、ほめた人をまた賞讃する「ベストピ賞」（いちばんよかったトピックスメール）という賞を贈っているところもある。

さらに、従業員が自分のアイデアやサービス企画を提案し、実際に事業化することができる社内限定の新規事業プランコンテストなどもあり、受賞者は事業責任者となることができる。

また、若手の抜擢例も多く、二〇代のうちに子会社の社長や役員に抜擢された人がすでに三〇名以上いるという。

太田　肇

従業員同士が認め合う企業文化を創造する表彰

飲食・サービス業の事例

株式会社ベル

株式会社ベルは、東大阪市に本社を、東京都世田谷区に営業所を置くビルの清掃請負業である。従業員一六〇名のうち本社正社員が一六名、ほかは現場で作業を行うパート従業員が多数を占める。二〇一〇年一月に、関西経営品質協議会が主催する関西経営品質賞奨励賞を受賞。

◉会社の概要
1992年設立
本社所在地：大阪府
代表取締役：奥 斗志雄
従業員数：160名
資本金：1910万円
取り入れている表彰制度：社長が選ぶ最優秀社員賞、社員が選ぶ最優秀社員賞、最優秀クリーンキーパー賞、最優秀クルー賞、プラスワン賞、チームワーク賞、力を合わせてがんばってくれたで賞、報連相よかったで賞、さすがプロ!!で賞、社会貢献賞、お客様との信頼関係を築いたで賞、責任感が強いで賞、ベストハッピーコール賞、永年勤続賞など

［表彰制度の内容］

○「最優秀クリーンキーパー賞」

現場で清掃業務を行うパート従業員をクリーンキーパーさんと呼んでいる。年間を通じて最も会社に貢献したクリーンキーパーさんを表彰している。

○「さすがプロ!!で賞」

とくに清掃管理の品質について、お客様から高い評価を受けたクリーンキーパーさんを表彰している。

○「ベストハッピーコール賞」

お客様からのクレーム電話を、お客様との関係をよりよいものにするチャンスととらえ、〝ハッピーコール〟と呼んでいる。

このハッピーコールを通じてお客様との信頼関係を構築したクリーンキーパーさんを表彰している。

ほかにも、「社長が選ぶ最優秀社員賞」「力を合わせてがんばってくれたで賞」「お客様との信頼関係を築いたで賞」など、表彰されることでモチベーションが上がり、お客様本意の価値観を身につけられるような内容の賞を取り入れている。

［選考方法］

本社に集合できる正社員全員が集まり、表彰者や表彰式の内容を決定する会議を行う。まずは表彰したい人の働き方や、日々の取り組みを本社スタッフ全員から集めることからはじまる。そして表彰するに値するかを推薦者が説明し、全員の承認によって決定されていく。承認を得るために長時間の議論となる。

また、表彰される人数も毎年変わる。表彰によっては該当者がない場合もある。表彰された人が真に喜びを感じられる賞でないと、価値がないと考えているからだそうだ。

［表彰の方法・演出］

表彰式は、年に一度開催される全従業員大会の中で行われ、全従業員の前で表彰するという。受賞者には主に表彰状と副賞が贈られるが、副賞の内容は毎回変わる。

形式にこだわらない柔軟性のある表彰だそうだが、表彰式を行う際に、その人がなぜその賞を受けるのかという理由を説明することは、毎年変わらずに大事にしているとのこと。

当然、表彰状の文面は、受賞者一人ひとりすべて違う内容となる。

受賞者に喜んでもらうために婚約者を内緒で招いたり、お子さんやお孫さんを招待したこともあるそうだ。

表彰式に参加する従業員全員が、どうすれば喜び、感動してもらえるかを考えて表彰式を運営しているとのこと。表彰式は従業員有志による手づくりである。

【導入した経緯】

奥斗志雄社長は、「会社の社長になること」自体が目標だったのだが、実際に社長になると自分の目標を見失ってしまい、経営危機にも直面した。

そんな中、模範となる人物との出会いがあり、今後の会社の経営理念を考え、従業員が誇りをもって生き生きと働ける会社にしようと決めた。そのときの考えが表彰制度の導入につながっているそうだ。

【表彰制度の効果】

奥社長は、表彰制度によって、従業員同士が賞讃し合える文化を手に入れたのではないかという。

ほかの従業員に対して、良い・悪い、正しい・正しくない、好き・嫌い……というような一方的な判断をせず、目の前にいる仲間をそのまま受容し、相手を認め、相手を支援する――お互いがそれを行うことで、相互支援の関係ができあがる。

愛をもって相手を認め、相手をほめて相手のために尽くすことが、働く一人ひとりの相手を思いやる気持ちを育み、お客様本位の価値観を自然と身につけることにつながるのではないかという。

その結果、お客様に喜んでいただけるサービスを提供できる組織になっているという。

また、表彰式の後には必ずアンケートを取り、満足度調査を行っている。

表彰はあくまで従業員を賞讃する文化の形成のために行うので、その効果を検証することを重要視しているそうだ。

アンケートでは、「表彰を糧《かて》にこれからもがんばっていきます」といった満足の声が多くあがるという。

［その他のモラールアップ策］

お客様におほめの言葉をいただいたら、社長賞として表彰する仕組みがある。また、社内報にその出来事を掲載することで、情報共有するという。

武藤 崇

スタッフの新たな力を引き出す古くて新しい大家族主義の表彰

飲食・サービス業の事例

株式会社ビューティサロンモリワキ

株式会社ビューティサロンモリワキは、現在、関西で八つの美容院を経営している。企業理念は、感謝の気持ちを大切にする「やさしい会社をつくりましょう」。

◉会社の概要

1952年設立
本社所在地：大阪府
代表取締役：森脇嘉三
従業員数：100名
資本金：1000万円
取り入れている表彰制度：スタッフ一人あたりの生産性最優秀店、年間カラー比率最優秀店、年間トリートメント比率最優秀店、年間新規比率最優秀店、年間総合売り上げ最優秀店、年間売り上げ優秀者、指名獲得優秀者、個人販売優秀者、ほころびメール、モリワキファンづくりなど

［表彰制度の内容］

○店舗を対象にした表彰制度

「スタッフ一人あたりの生産性最優秀店」「年間カラー比率最優秀店」「年間トリートメント比率最優秀店」「年間新規比率最優秀店」「年間総合売り上げ最優秀店」がある。

○個人を対象とした制度

「年間売り上げ優秀者」「指名獲得優秀者」「個人販売優秀者」などがある。

以上はいずれも優秀な成績を称えるものだが、そのほかにつぎのような表彰制度がある。

○「ほころびメール」

スタッフが感動した話があると、それを「ほころびメール」と称して携帯で専務にメールを送る。専務はそれを毎日全従業員に送信するとともに、その中から内容の優れたものや件数の多い人が表彰される。

また、感動した話は内容を抜粋し、毎月一回発行される紙媒体の「ほころび新聞」に掲載される。

○「モリワキファンづくり」

顧客からアンケートがたくさん返ってきた店や高評価が多かった店、また顧客から菓子などの差し入れがたくさん届いた店は、それだけファンが多いという理由で表彰することにしている。従業員からの提案で取り入れられた賞である。

【表彰の方法・演出】

表彰されたメンバーと社長または専務が一緒に、一泊二日の表彰旅行に行くことになっている。

社長や専務が自ら従業員送迎用バスを運転し、近くの観光地などに出掛けるのだという。社長や専務は運転手、兼添乗員、兼カメラマンである。

同社はかつて「古くて新しい大家族主義」と雑誌で紹介されたことがあるが、その一端がここにも垣間見える。

【導入した経緯】

店舗を対象にした「スタッフ一人あたりの生産性最優秀店」や、個人を対象にした「年間売り上げ優秀者」など、優秀な成績を称える表彰制度の多くは以前から存在した。当時、会社は右肩上がりで売り上げを伸ばし続けていた。

ところが、二〇〇三年から二〇〇四年にかけて転機が訪れた。入社四年目の次期スタイリスト候補の従業員が一斉に辞めてしまった。

売り上げアップを追い求めるあまりに従業員への配慮が行き届かなくなり、そのツケが回ってきたのだ。

そこで森脇嘉三社長は、目先の業績を追う姿勢を改め、すべての顧客に感動と喜びをプレゼントすることを会社の経営方針にした。顧客に感動と喜びを与えるには、スタッフ自身が感動し喜びを味わわなければならない。

その一環として取り入れたのが、「ほころびメール」や「モリワキファンづくり」である。


【表彰制度の効果】


売り上げアップを強く言わなくなったため、短期的な業績を追求していたころに比べて導入当初はいったん売り上げがダウンした。

その状態が二、三年続いたが、やがてスタッフの満足度が高まり、会社を辞めなくなった。そして顧客も増え、売り上げも徐々に上がっていったという。

職場の雰囲気をよくしたり従業員の満足感を高めたりすることは、即効性はないものの、長期的には経営にもプラスになることが裏づけられたわけである。

太田 肇

企業理念を浸透させ、連帯感を強める表彰

飲食・サービス業の事例

アチーブメント株式会社

アチーブメント株式会社は、東京に本社を置く人材教育コンサルティング会社だ。主に経営者やビジネスマンを対象にしたキャリアプランニングやリーダー育成、チームビルディングなどの研修を行っている。従業員のほとんどが正社員である。

◉会社の概要
1987年設立
本社所在地：東京都
代表取締役：青木仁志
従業員数：110名
資本金：5000万円
取り入れている表彰制度：コアバリュー賞、MVP、新人賞、最優秀キャスト賞、スター賞、ダブルスター賞、トリプルスター賞など

［表彰制度の内容］

同社の表彰制度は、企業理念を社内に浸透させ、従業員同士の連帯感を強める仕組みとして活かされている。

その取り組みの一つが、年に一回行われる「アチーブメントアワード」だ。このイベントでは、つぎのようなさまざまな賞が従業員に贈られる。

○「コアバリュー賞」

同社は企業理念に基づいた行動指針として「達成・責任・情熱・協力・スペシャリティ・挑戦・規律」という七つのフィロソフィー（哲学）を掲げ、毎朝の全社朝礼で唱和するなど周知徹底している。

そしてその七つのフィロソフィーそれぞれにふさわしいと認められた従業員を各一名ずつ表彰する。

○「MVP」

フィロソフィーの実践を含め、会社への貢献度、同僚からの信頼など、トータルで優れていると認められた従業員が受賞する。

○「スター賞」

営業成果を評価する賞として、営業職対象に毎週表彰される。

この賞は、週ごとの契約数によって与えられ、規定の二倍だと「ダブルスター賞」、三倍だと「トリプルスター賞」といったように、契約数に応じ賞のランクが上がる仕組みだ。

○その他

入社一年目の従業員の中から選ばれる「新人賞」や、四月に入社したばかりの新入社員の〝内定期間中〟の取り組みを評価する「最優秀キャスト賞」などがある。

「新人賞」も「最優秀キャスト賞」も、受賞のチャンスは一度だけだ。

【選考方法】

同社の「コアバリュー賞」「MVP」は、管理部、営業部といった所属部門を問わず、全従業員の投票により決定する。

従業員全員がそれぞれに「この人こそ」と思う候補者を選び投票する従業員投票の形を取ることで、小さな行動もできるだけ見逃さず、選考に反映させることができるよう配慮されている。

従業員投票によって受賞者を決定する場合は、一般的には年に一度、表彰の時期に合わせて投票を行うという例が多いが、同社の従業員投票は、四半期ごとに行う。

年一回の投票だと、直近の成果に目が行きがちというデメリットがあるが、四半期ごとだと、日々の行動の積み重ねが得票に結びつき、より公平に、より多くの従業員が受賞のチャンスを得られることになるのだという。

【表彰の方法・演出】

同社では、受賞者に対し、高額な賞金や豪華な賞品が贈られるわけではない。たとえば、多くの営業職員が「スター賞」の規定契約数達成をめざして奮闘するのだが、「スター賞」の受賞者に与えられる物は、一〇〇〇円分の図書券一枚のみなのだという。

しかし、受賞した従業員の声を聞くと、金銭には替え難いものがあるそうだ。

社内LAN上の掲示板には、お互いにメッセージを書き込めるスペースがあるが、受賞者の掲示板には、ここぞとばかりに同僚たちから数多くのお祝いメッセージが書き込まれる。

このメッセージを読み、思わず涙する従業員も多いという。

また、社長のフェイスブックページには、表彰式での受賞シーンの写真が社長のお祝いメッセージとともにアップされ、このフェイスブックページを閲覧した同社の顧客である研修受講生からも、多くのお祝いメッセージが届く。

同社では、従業員が各受講生の専属コンサルタントとして、研修中だけでなく研修が終わった後も継続してサポートするため、従業員と受講生の距離が近い。身近な従業員の受賞は、受講生にとってもうれしいことなのだ。

また、月に一度発行される同社の社内報には、社内のすべての賞の受賞報告が、従業員の写真入りで掲載される。

この社内報は従業員のみならず従業員の家族にも送付されるため、離れた故郷に住む両親も、わが子の活躍を一緒に喜ぶことができる。

【導入した経緯】

同社では、もとより従業員同士が承認し合う文化が根づいており、取り立てて「制度」として意識して導入したわけではないという。

日常の延長線上に表彰制度がある、といったイメージだ。

【表彰制度の効果】

同社は、新聞社が行う「人気企業ランキング」に、毎年のように大企業と名を連ねランクインしている。

そして、多くの入社希望者から選抜された人材が、「新人賞」や「最優秀キャスト賞」をめざし、入社前の内定時から一日も早く同社のフィロソフィーを実践し、成果を上げようと懸命に努力しているという。

また、営業職として採用される者は、内定時から「スター賞」の対象となり、先輩社員たちと同様に受賞のチャンスが与えられる。なかには先輩たちに負けじと、内定期間中に数週間連続して「スター賞」を獲得したツワモノもいる。

このように、早くも入社前の内定時から、人材育成、フィロソフィーの実践という視点において、表彰制度がその効果を発揮している。

また、インターネットや家族への社内報の送付を通じて、社内のみならず社外の人たちをも巻き込んで従業員の成長を喜び合うことで、社内外の連帯感を強め、「もっとフィロソフィーを実践し、成果を出していこう」という、つぎの達成へのモチベーションとなっていく。

こうした好循環が、同社の理念経営を支えているという。

同社は二〇一二年で創業二五年を迎えたが、会社の理念、会社がめざす方向について、いまではどの従業員に聞いても、同様の答えが返ってくるまでになったそうだ。

フィロソフィーの実践を、表彰制度の仕組みなどを通じて日々意識することにより、企業理念が組織の隅々にまで浸透している。

このように、お互いを認め合い、成長を喜び合う社風を根づかせること、また、企業哲学を核にした理念経営を実践することにおいても、表彰制度が一つの役割を果たしている。

松下慶子

料理コンクールで顧客・経営者の視点を育てる

飲食・サービス業の事例

株式会社スター

京都市に本社を置く株式会社スターは、洋食の老舗として、フランス料理をベースにした店舗展開をしている飲食業である。現在は、新業態である和食店も含め、京都市内に一一店舗を展開している。従業員一二〇名のうち、正社員は約四〇名。

◉会社の概要
1943年設立
本社所在地：京都府
代表取締役：西村裕行
資本金：7000万円
従業員数：120名
取り入れている表彰制度：料理コンクール

【表彰制度の内容】

同社では、料理コンクールを通じた表彰制度を行っている。

料理コンクールは、従業員参加型の全社的な形態として、洋食、和食、創作料理などの各店舗の新人、正社員、アルバイトが参加できる。

チーフ（調理長）クラスの従業員は、主催者側になる。

投票する側の従業員ができるだけ多く集まれるように、各店舗閉店後の二二時から二三時に実施しているそうだ。

コンクール当日、アルバイトも含めた一〇〇名もの従業員が閉店後に一堂に会し、各店のチーフが考案したメニューを競う盛大なコンテストを行う。

洋食、和食、創作料理などの各店からの代表者が、その場で調理して披露し、試食後の投票によって「最優秀賞」「優秀賞」などが決定され、賞金が授与される。

なお、各店からの代表者は、その年によって、チーフの場合、または「セカンド」と呼ばれるチーフのつぎを担う従業員である場合がある。

【選考方法】

同社では、二〇〇七年に、現社長である西村裕行氏が四代目から引き継ぎ、代表取締役に就任した。

その後二〇〇九年に、六年ぶりに料理コンクールを復活させ、それ以来、優秀者を表彰するイベントを毎年開催している。

流れとしては、まず、料理のテーマが決められ、参加希望者を募る。

参加希望者は、テーマにそったメニューを考え、事前に一次レシピ審査（書類）が行われる。

そして、一次審査を通過して本選にエントリーできた者が、コンクール当日、集まった従業員たちの前で調理し、全員に試食してもらう。

試食後の投票により、順位が決定され発表される。

料理のテーマは毎年変わる。たとえば、旬の食材をうまく活かすことを学んでもらうためには、「イベリコ豚」「舞茸」「サーモン」など具体的な食材をテーマとする年もある。また、「レストラン スターで出すランチメニュー」といったテーマの年もある。

大きな特徴は、食材調達費用が、一〇〇〇円までと決められていることだ。

これは、このコンクールを通じて、新人やアルバイトにも原価率を知ってもらい、コスト意識をもってもらうことをねらいとしている。「原価」を意識しつつ、「お値打ち感」を追求してほしいということだそうだ。

投票では、料理の「おいしさ」と「美しさ」という二つの観点から、どのメニューが良かったかを選ぶ。投票用紙には、①コメント、②「自分が食べるとしたら」という視点での値段を記載する。

【導入した経緯】

西村社長が代表取締役を就任したときに考えたのは、「まずは、楽しくて面白いことをやろう」ということだった。

西村社長は、自分自身も現場で働き、また多くのスタッフを見てきた経験から、日々単調な仕事をくり返していると「仕事＝作業」となり、思考回路がストップして停滞感が出てしまうことを痛感していた。

しかし、レストランという空間は、顧客に喜んでいただけるよう、つねにとどまらない創造的な場所でなければならない。

そこで、日常業務から脱却するためのイベントが必要だと感じたという。

そして、人材の育成が何よりも大切であるという想いから、そのイベントを、従業員教育をバックアップし、従業員たちの承認欲求を満たし、成長へつながる一つの機会にしたいと考えたそうだ。

そうして思いついたのが、以前行われていた「料理コンクール」を、より充実したものとして復活させることだった。

しかし、社長一人で決めてしまっては上からの押しつけになってしまうと考え、周囲の部下たちの意見を取り入れて形式やスキームを決め、スタートしたという。

料理コンクールを再開するに際して、まずチーフ（調理長）たちを主催者側に立たせた。

彼らは、従前のコンクールを通じて、達成感や充実感、あるいは悔しさを経て成長した経験があるので、同じように部下たちを成長させてやりたいという熱い想いでコンクールを盛り立てた。

【表彰制度の効果】

同社では、料理コンクールを実施した後に、毎年参加者の生の声を聞き取っている。

たとえばランチをテーマにした年には、

「だれでも食べられるもの、そして少しでも早くお料理を提供できるメニューについて考えるきっかけになりました」

「客として他店に行き、メニューを研究。お客様目線でスターの良さを再確認できました」

など、口々に仕事に対する考え方や仕事の進め方が変わったという声があがった。

西村社長としては、ランチについて、コストダウンはもちろん、調理時間の短縮という視点をもってもらいたいと思っていたので、まさにそれに応えるような意見があがってきたわけである。

西村社長によると、料理コンクールを通じ、会社として従業員に心を砕いてほしいことや感じてほしいことを、従業員が自分自身の内側から実感できたようだという。日々の業務を見直すよいきっかけともなっているそうだ。

また、西村社長は、アルバイトも含め、できるだけ多くの従業員を参加させることで、料理コンクールを「あなたをちゃんと覚えている。みんなスターに所属する一員である」という、個々の存在承認をする一つの手段にしたいと思っていたそうである。

この想いが伝わったのか、夜遅い時間帯の開催でありながら、毎年、コンクールの投票に参加する従業員が増え、結束力がどんどん高まっていることを実感しているという。

さらに、料理コンクールを通じて、「サボる従業員は要らない」という会社からのメッセージも伝えたかったという。

そして、厳しい環境下で、怠けたい従業員が辞めていくことを予想していたところ、かえって従業員の定着率は上がった。これは想定外の効果であったという。

橘　雅恵

技術者集団もトキメク上司の〝長い〟表彰文

飲食・サービス業の事例

株式会社ユニシス

株式会社ユニシスは、コンピュータの開発請負を業務とする独立系の企業で、京都市中京区に本社、大阪市北区に支店を構える。『ひとがすべて』という精神で、常に「人」に視点をあてた経営を追求している。従業員は、総務の数名を除いたほとんどが技術者という構成である。

◉会社の概要
1981年設立
本社所在地：京都府
代表取締役：佐々木昭彦
従業員数：40名
資本金：8000万円
取り入れている表彰制度：優秀プロジェクト賞、優秀社員表彰、永年勤続表彰

［表彰制度の内容］

○「優秀プロジェクト賞」

チームとしての努力や製品品質がとくに優秀で、ほかの従業員の模範となったプロジェクトを表彰する。

○「優秀社員表彰」

勤務成績が優秀で、業績向上や顧客との関係づくりに貢献した従業員を表彰する。

○「永年勤続表彰」

勤続一〇年、二〇年、三〇年の従業員を表彰する。

それぞれ表彰状と金一封が与えられる。加えて、二〇年勤務の従業員には連続休暇が五日間、三〇年勤務の従業員には連続休暇が一〇日間与えられる。

［選考方法］

直属の上司の推薦を受けた後、役員会の承認を得て受賞が決定する。

選考が特定の部署やグループに偏ることなく、公平に行われるよう、管理職は月に一度の会議の席で、他部署の従業員や各プロジェクトの取り組みについても把握できるようにしている。

【表彰の方法・演出】

受賞者に贈られる表彰状が特徴的だ。とにかく表彰文が長い。推薦した上司が、受賞したチームや個人がいかに苦労して努力を重ねたか、そのプロセスがよくわかるように作文するのだという。


【導入した経緯】

表彰制度は一九九四年から毎年開催している。

表彰制度を導入した目的は、創立記念式典の活性化であった。

毎年、創立記念日（一二月一六日）の直近の金曜日に、創立記念式典のセレモニーが行われる。一九九三年までは、外部講師を招待して講演会を開き、その後、社長のあいさつ、懇親会というのがほぼお決まりのパターンであった。

ある年には従業員の家族を招待するなど、さまざまなマイナーチェンジを経て、試行錯誤の末、一九九四年から表彰制度が始まった。

当初はプロジェクト表彰だけであったが、プロジェクトにかかわらない従業員にもほかの従業員の模範になるような者がいたことから、個人表彰を導入した。

また、長く勤めて会社に貢献してくれた従業員に対し、その労をねぎらう感謝の気持ちから、永年勤続表彰を導入した。

【受賞者の具体例】

二〇一一年の「優秀社員表彰」は、東日本大震災の被害に遭った顧客を継続支援するために単身で仙台に渡り、現地の顧客企業で勤務している勤続一〇年の中堅従業員が選ばれた。

彼は住み慣れた関西を離れ五年以上になるが、被災した顧客の重要なシステムが損傷を受けないよう支援を続け、同時に顧客の若手従業員の育成にもかかわりながら、システムの保守と開発に携わったことが評価された。

この年は、会社創立三〇周年記念として、特別表彰も行われた。

通常、開発から納品までクライアントとの関係は二～三カ月で終わる業務が多いが、一社について一〇年以上の長きにわたり関係が続いたプロジェクトがあった。いまも続いているこのプロジェクトに対し、三〇周年記念特別表彰が行われたのだ。

このプロジェクトにかかわった従業員の中でも貢献度が高かった一〇名に対し、一〇万円の賞金と表彰状が渡された。

プロジェクトのメンバー全員でその賞金を使って旅行に行き、親睦を深めたそうだ。

【表彰制度の効果】

前述したように表彰状の文面がそれぞれ具体的であるため、表彰された者は、その後も長い表彰文を読むことで、自分が評価された理由をくり返し振り返ることができ、モチベーションアップにつながっている。
表彰理由をきちんと伝えることは、その後の従業員の成長に大きく影響してくるという。

［その他のモラールアップ策］

表彰以外に興味深い取り組みとして「社内研究会制度」がある。社内研究会とは、それぞれにテーマを設け、研究したい従業員が各部署から参加できるというものだ。

毎年、各部署のマネジャーが社内研究会の企画を募集し、応募者は企画書を作成する。企画書には、その研究会がどのような目的で発足し、会社にどのような良い効果を与えるのかということを明確にしなければならない。これを役員会にはかり、承認されると、晴れて社内研究会が誕生することになる。

会社は、これを支援するために、社内研究会活動の一部を業務時間として認め、本社と支店間の移動についても交通費を支給する。

すると予期しなかった、支店や部署を超えての従業員同士の交流が生まれ、ともに学び、知恵を出し合う雰囲気ができた。

創立記念日の式典の中で、社内研究会活動の発表の場を設け、優秀な発表については表彰もあわせて行っている。

武藤　崇

厳しい職人の世界と表彰制度の化学反応

飲食・サービス業の事例

有限会社匠弘堂

有限会社匠弘堂《しょうこうどう》は、京都市左京区に本社を置く、社寺建築専門の設計・施工会社である。岡本弘棟梁を中心に宮大工一〇名をかかえ、伝統的木造建築技術を駆使して日本文化の伝承と発展に貢献している。

◉会社の概要

２００１年設立
本社所在地：京都府
代表取締役：横川総一郎
従業員数：12名
資本金：１０００万円
取り入れている表彰制度：ベスト弘賞、安全衛生キーパー賞、永年勤続賞、ベストおたけ賞など

【表彰制度の内容】

○「ベスト弘《ひろし》賞」

会社に最も貢献したMVPを表彰する。「弘」は、岡本棟梁の名前を拝借している。

○「安全衛生キーパー賞」

職場の衛生面に貢献した者に贈る。

○「ベストおたけ賞」

紅一点の女性設計スタッフが、女性ならではの視点で会社の発展に貢献した従業員を選ぶ（「おたけ」は女性スタッフのニックネーム）。

その他、「永年勤続賞」などがある。

【選考方法】

表彰委員に指名した中堅職人と社長とふたりで議論して決定した。

【導入した経緯】

一つの現場がはじまるとおおよそ半年の間、職人たちは一つ屋根の下、寝食をともにする。見習いは、それぞれの先輩職人が朝食に食べる目玉焼きの焼き加減の好みまで覚えるようになる。

ところが現場は常に二〜三カ所に散らばるため、同じ現場にいない職人とのコミュニケーションが不足し、ちょっとした行き違いから職人同士のいさかいが発生することもあった。

また、現場での地道な作業が実を結んで立派なお堂やお社《やしろ》が完成し、いよいよ施主に引き渡すというときには、職人たちはすでにつぎの現場へと移動してしまっている。

竣工式には会社を代表して横川総一郎社長が参加し、施主からはたくさんのお礼やおほめの言葉をいただくのだが、職人たちはそんな言葉に直接ふれる機会がほとんどない。

そんな折、横川社長は日本表彰研究所が行う表彰制度のフォーラムに参加して、その効果を確信し、すぐに表彰制度の導入を決定した。

従業員全員が出席する社内ミーティングで、表彰制度導入についての経緯を説明し、「表彰制度委員会」を発足した。

表彰委員には三〇代のムードメーカー的な存在である中堅職人一名を指名し、社長と二人、メンバーとした。

［受賞者の具体例］

第一回表彰は二〇一二年の七月に行った。

「ベスト弘賞」は、長期の出張をともなう他社の支援業務を黙々とこなしてくれた職人が選ばれた。建築の仕事には他社との協力関係が重要であることを理解し、会社の代表として厳しい業務をやり遂げたことが評価された。

「安全衛生キーパー賞」は、ほとんどが男性という職場で、女性ならではの細やかさを発揮してくれた女性設計スタッフが選ばれた。

職人が長期の現場に出てしまうと、会社の作業場は留守がちになる。静まり返った作業場を、目のとどかない隅々までつねに丁寧に清掃し、久しぶりに会社に帰ってくる職人たちを気持ちよく迎え入れた。

「永年勤続賞」は、勤続一〇年を超えた従業員二名を表彰した。

岡本棟梁の教えを懸命に学びながら、かつ若い職人に技術を伝承する、会社にとってなくてはならない存在だ。

「ベストおたけ賞」には、成長著しい若手職人が選ばれた。

彼は一定時間に木組みの脚立を作成する技能競技大会の京都予選に出場し、三年連続で京都代表に選ばれ全国大会に出場している（二〇一二年度の全国大会では二位を受賞）。

技能競技大会では、六時間以内に図面引きから材料の墨つけ、きざみ、かんな掛けと組み立てまでを総合的に競い合う。その経験を活かし、現場でも次々と難しい作業にチャレンジしているという。

今回ははじめての表彰であり、その楽しさを知ってほしいとの社長の思いから、「話題賞」という賞をつくった。

この賞は、〝彼女〟ができたことで職場に明るい話題を提供してくれた中堅職員に贈られた。ほかにも「新人賞」「特別賞」などたくさんの賞をつくり、従業員全員が何らかの賞を受賞できるようにして、ねぎらった。

【表彰制度の効果】

月に一度の社内ミーティングの際に表彰を行った。

受賞者それぞれに表彰理由を伝え、全員が受賞した感想を述べたが、これほど盛り上がったミーティングははじめてだったという。

その後も、毎月の表彰を通じてお互いの良いところを認め合うことができ、以前のように些細なことで職人同士のいさかいが起きるようなこともなくなったそうだ。

武藤　崇

業界で一番をめざすための理念を浸透させるツール

飲食・サービス業の事例

株式会社京都センチュリーホテル

株式会社京都センチュリーホテルは、一九二八年にその前身である京都ステーションホテルとして誕生。一九八一年に京都センチュリーホテルとして生まれ変わった。従業員の約半数はアルバイトである。

◉会社の概要
1981年設立
所在地：京都府
代表取締役：稲地利彦
資本金：4000万円
従業員数：約240名
取り入れている表彰制度：スキルスター賞、バリュースター賞など

［表彰制度の内容］

同社では、二〇〇八年まで実施されていた表彰制度を、まったく新たな形で二〇一二年に復活させた。

人事制度改革プロジェクトメンバーが表彰委員会の委員を兼ねて、表彰制度全体をプロデュースし、二つの表彰を実施している。

○「スキルスター賞」

同社には、宿泊、営業、料飲、調理、管理、企画といった職種がある。

これらの職種でまとめられた部署ごとに、優れたスキルをもつ人を選考してもらい、その選考結果で表彰を行う。

ここでいうスキルとは、技術や技能といったことだけではなく、接客や周囲との協調性、後輩への指導ぶりなど業務遂行能力全体を指す。

表彰の対象となるのは、社長、総支配人や本部長といった経営陣を除き、アルバイトを含めた全従業員だ。

受賞者には、各自の表彰事由を記載した表彰状と、順位に応じた五〇〇〇円～一万円の商品券が授与される。また、ノミネートされた者には、同ホテルの食事券が授与される。

第一回目の実施は二〇一二年一〇月に行われ、半年に一回、実施する。

○「バリュースター賞」

同社では、業界で一番のサービスをめざすための「Mission、Vision、Value（ミッション、ビジョン、バリュー）」を策定した。

さらに、一四の行動指針を示した「バリュー」の項目ごとに、各職種における具体的な行動を書き出した。

たとえば、「プロフェッショナルとして、つねに一段上をめざした仕事をします」という項目に対して、宿泊予約の担当者であれば、「商品の知識を高め、問い合わせに対してお待たせしないスマートな対応を行います」などといった具体的な行動に落とし込む。

そして、職種ごとに作成したものを一冊の小冊子「セクション別スピリッツ」にまとめた。

従業員たちは、ほかの人の行動に目を向けて、「セクション別スピリッツ」に記載されている行動を見つけたら、上司・同僚・先輩・後輩、だれであっても、「グッドジョブカード」をその場で本人に渡す。

その「グッドジョブカード」の獲得が、表彰に結びつく仕組みになっている。

賞品は賞状と副賞で、副賞は、「グッドジョブカード」一〇枚獲得ごとに同ホテルの食事券、五〇枚獲得ごとに三万円の現金、一〇〇枚獲得ごとに五万円の現金だそうだ。

二〇一二年一一月から実施され、従業員それぞれの「グッドジョブカード」獲得数が少なくとも一〇〇枚になるまでは、そのまま継続するという。

［選考方法］

〇「スキルスター賞」

全従業員からの投票による。

投票用紙には、投票したい人の名前と、その理由を書く。

部署により人数に開きがあるため、多い部署は、二～三人をノミネートし、得票数と投票された理由によって、表彰委員会で一位と二位を選ぶ。

〇「バリュースター賞」

前述の「グッドジョブカード」の獲得枚数による。

「グッドジョブカード」には、どんな行動が〝グッドジョブ〟だったかを記載する。

「グッドジョブカード」獲得枚数が一〇枚を超え、二〇枚になると、「ダブルバリュースター賞」、三〇枚になると、「トリプルバリュースター賞」となる。

モチベーションを喚起するゲーム性を付与したとのことだ。

［表彰の方法・演出］

どちらの賞も表彰式を実施していて、二四時間稼働の中で従業員が集まりやすい朝礼の時間を利用している。

二〇一二年一〇月に実施された第一回スキルスター賞表彰式では、ノミネートされた従業員たちのふだんの仕事ぶりを隠し撮りしたものや、投票した人へのインタビューなどから制作した〝表彰される人がスターのように見える〟映像を流した。
バリュースター賞では、「グッドジョブカード」の従業員ごとの獲得枚数をグラフにして、社員食堂など目につく場所に貼り出している。一目で、だれが望ましい行動を多く実行しているかがわかるようにしているのだ。
また、「グッドジョブカード」を該当者に渡す場合、顧客の邪魔にならないときには、周囲の従業員にもわかるように「グッドジョブ」と声に出して渡すようにしている。

【導入した経緯】

同社では、人事制度の改革に取り組む中で、従業員からの「認められたい」「ほめる必要がある」「以前あった表彰制度を復活させたい」といった声に基づき、表彰制度を新しい形で復活させた。
従業員を承認する仕組みづくりに加えて、同社の「Mission、Vision、Value（ミッション、ビジョン、バリュー）」を浸透させるためのツールとして活用することとなった。

【表彰制度の効果】

第一回「スキルスター賞」を受賞した従業員への上司からのコメントは、つぎのようなものであった。

「改装の忙しい時期に、短期間でほんとうに成長し、期待以上の仕事をしてくれた。これからも期待しています」

「自分自身が異動したばかりなのに、文句一つ言わず、アルバイトスタッフの指導をしてくれてありがとう」

いつもは厳しい上司から承認の言葉をもらった従業員は、明らかに仕事ぶりや顔つきが変わり、周囲が驚くほどだったそうだ。

表彰制度を導入して以来、稲地利彦社長は、たしかにモチベーションが上がっていることを実感していると語る。

「バリュースター賞」については、二〇一二年一一月初旬に、その実施を呼びかけ、「グッドジョブカード」を配布した時点から、従業員の行動が日ごとに変わった。

稲地社長をはじめ経営陣たちは、口ぐちにこのように語る。

「行動指針が単に文章としての形式的なものから、従業員の体に根づいたものとして具現化されつつある。また、グッドジョブカードをほかの従業員に配布するためには、他人をよく観察する必要があるため、自分自身の行動だけに気を配るより、さらにバリューに対する理解や浸透のスピードが速くなっている」

一人ひとりの行動が変わったため、ホテル全体の雰囲気までも、わずか一カ月ほどで大きく変わり、売上目標達成に寄与しているという。
婚礼部門では、インターネットの口コミサイトにおいて、京都府のホテル結婚式場の人気投票で、二六位（二〇一二年）から一位（二〇一三年）へおどり出た。さらに、業界誌に掲載される主要ホテル調査において、全国第一位となった（二〇一三年）。

橘 雅恵

“名誉”と“報酬”で理想の環境をつくる

飲食・サービス業の事例

プルデンシャル生命保険株式会社

プルデンシャル生命保険株式会社は、一九八七年にわずか一五名の従業員で創業した。現在の従業員数はその約三〇〇倍、国内有数の生命保険会社となっている。

◉会社の概要

1987年設立
本社所在地：東京都
代表取締役社長兼最高経営責任者：一谷昇一郎
従業員数：4547名
資本金：290億円
取り入れている表彰制度：3FF表彰、My担当LP表彰、コアバリュー表彰など

［表彰制度の内容］

同社では、多くの保険会社で行われているように、成果を上げた従業員に対する表彰も充実しているが、それにとどまらず、そこへいたるプロセスを表彰する制度や、企業理念に則った行動をした者を表彰する制度など、さまざまな表彰制度を設けている。

○「3FF表彰」

「FF」というのは「Fact Finding」、つまりセールスプロセスにおける顧客の「実情調査」のこと。

その内容は、見込み客との対話の中で、年齢・家族構成・収入といった基本情報から、本人のこれからの人生設計や家族への思いなども聴き出し、不幸にして万一のことが起こった際の情景をリアルに思い浮かべてもらうことで、その家族が抱える課題を明らかにしていくヒアリングプロセスである。

「FF」なくしてはオーダーメイドの保障を提案することができない、重要なステップだ。

この「FF」を一週間に三件以上行い、それを五〇週（一年間）以上連続して行ったライフプランナー（営業社員）を表彰するのが、「3FF表彰」である。

○「私が選ぶMy担当ライフプランナー表彰（My担当LP表彰）」

年に一度、自分が所属する支社のライフプランナーのうち、「私が顧客だったら、ぜひこの人から生命保険に入りたい」と思うライフプランナーを一人選んで投票し、各支社で、得票数が最も多かった一名が表彰される。

全国に約九〇の支社があるため、毎年約九〇名のライフプランナーが選ばれることになる。受賞したライフプランナー全員の顔写真が、氏名・支社名入りで一枚の大きなポスターになり、立派な額に入れられて、一年間全支社・本社に掲示される。

しかし、この賞を受賞しても、そのほかに何がもらえるわけではない。賞金・賞品もないのだが、「ともに働く同僚から認められるということは、何よりもうれしい」と、受賞を涙して喜ぶ従業員も少なくないという。

支社で成績トップの者が選ばれるとはかぎらないというのが、この賞の面白いところだ。

◯「コアバリュー表彰」

「3FF表彰」や「My担当LP表彰」は、ライフプランナーにスポットを当てた制度だが、「コアバリュー表彰」は全従業員が対象となる。

同社の創業者であり、当時の社長であった故坂口陽史氏が、全従業員の行動指針として一九九二年に導入した〝コアバリュー〟は、「信頼に値すること」「顧客に焦点をあわせること」「お互いに尊敬しあうこと」「勝つこと」の四つ。

導入以来、これらの行動を実践した同僚に対し、相手への敬意を記した「コアバリューレター」を従業員の間で贈り合う制度が根づいている。

年に一度、全従業員が任意で、同僚の中から最もコアバリューの精神にかなった行動をしている人を推薦し、受賞者を選ぶ。これが「コアバリュー表彰」である。

仕事だけでなく、ボランティア活動などを行う有志のチームが受賞する場合もある。

［導入した経緯］

同社では、「報酬」と「名誉」をモチベーションの二つの柱と位置づけ、この両面で従業員のやる気を引き出すことが、働きがいのある環境づくりにつながると考えているという。

貢献度に応じた公正な「報酬」を得られる仕組みがあるのは大前提だが、さらに、より持続的にモチベーションを高め続けてもらうために、「名誉」という精神的な充足感をいかに満たすかということは、非常に重要であるというのだ。

「他社との差別化は、商品でも会社の大きさでもなく、ライフプランナーである」と、執行役員常務戦略担当本部長の阪本浩明氏は語る。

同社のライフプランナーは、生命保険のプロフェッショナルとして、顧客個々の状況とニーズを詳細に分析し、オーダーメイドの生命保険を設計する。

顧客との密接な信頼関係を築き、顧客本人も気づいていない潜在的なニーズをいかに引き出していくかがポイントとなる。

高いコミュニケーション力が求められる仕事だという。

ライフプランナーの質の高さこそが同社のいちばんの強みであるため、彼らがモチベーションを高く維持して働き続けられる環境をいかに提供できるかが、成功へのカギとなる。
そのためにも、表彰制度に工夫を凝らしている。

【受賞者の具体例】

営業プロセスを重視する「3FF表彰」について前述したが、この賞を受けた者の中でも、受賞基準の三倍である一五〇週（三年間）連続でこれを達成した者は、表彰式でスピーチを行うことができる。

あるライフプランナーのスピーチが、この制度の意義を示してくれている。

彼は入社当初、懸命に成績を上げようとがんばっていたが、ある時点でうまくいかなくなると、そこからだんだんと達成への意欲が弱まり、それに呼応するように成績も下がっていった。

いつしかプロセスへのこだわりが薄れ、「一発逆転だ」というのが口癖になっていた。

そんなある日、彼の人生にとって忘れられない出来事が起こった。

ふだんどおり出社し、仕事をしていた彼のもとに、妻からの電話が入った。当時生後一一カ月だった最愛の娘が、悪性腫瘍の可能性が高く、精密検査をしなくてはならないと診断されたという知らせだった。

すぐに検査を受けた結果、小児ガンだとわかった。

それからは、遠く離れた地で入院するわが子を妻が支える一方で、自分は長男の世話をしながら仕事をこなす日々が続いた。

「小さくても懸命に病気と闘うわが子に比べて、自分はどうだ。これまで命がけで何かをがんばったことがあっただろうか……」

そのとき、彼は決意した。「結果を見て一喜一憂するのではなく、全力で目の前の、縁をいただいた人のために何ができるかを考えよう」と。

そこで「3FF表彰」を受賞することを目標に掲げ、顧客に役立つことだけを考え、日々必死に顧客と向き合った。

そのうちに顧客との信頼関係も深まり、紹介が紹介を呼び、目標であった「3FF表彰」を連続して受賞できるようになった。

結果のみを追っていたときとは比べものにならないほどの成績が、自然についてくるようになったそうだ。

［表彰制度の効果］

前述した同社が掲げる行動指針「コアバリュー」に、「顧客に焦点をあわせること」という言葉がある。

「3FF表彰」は、その理念に立ち返り、顧客の目線に立って行動することの重要性とともに、結果だけを追求するのではなく、プロセスを追求することの先に結果がついてくるということに、改めて気づくきっかけとなっている。

また、同社では、さまざまな業種の企業から中途採用という形で入社した従業員が多くを占めるが、「このような組織において、コアバリューは、文字どおり企業文化の核として、とても重要な役割を果たす」とは、コアバリュー導入時の創業者の言葉だ。

「コアバリュー表彰」を通じ、コアバリューについて改めて考える機会をつくることで、異なる環境から集まった従業員一人ひとりがお互いに一体感をもち、共通の目的に向かって歩んでいるという意識をもつことができている。

松下慶子

3　流通・小売業の事例

企業の目的遂行のため表彰制度を活用する

流通・小売業の事例

マツ六株式会社

マツ六株式会社は、大阪府大阪市に本社を置く、ビル・住宅建築関連資材を取り扱う専門商社だ。業界では中堅企業にあたる。

◉会社の概要
1948年設立
本社所在地：大阪府
代表取締役：松本 將《しょう》
従業員数：227名
資本金：1億6606万円
取り入れている表彰制度：月間MVP、最優秀従業員賞、最優秀開発賞、最優秀チーム賞、特別賞、社長賞、新人賞、合理化推進賞

［表彰制度の内容］

その年の経営方針に合わせ、表彰内容を毎年変化させているのが、同社の表彰制度の最大の特徴である。

同社では、新年度の経営方針を策定するにあたり、どういった行動を表彰の対象とするか、何を表彰基準とするか、ということを毎年見直している。

そして、経営方針の発表に合わせて、表彰項目も一緒に発表する。

従業員はその表彰内容を見れば、自分は何を目標にがんばればよいのかがわかるようになっているのだ。

二〇〇八年には、つぎのような賞が設けられた。

「月間ＭＶＰ」「最優秀従業員賞」「最優秀開発賞」「最優秀チーム賞」「特別賞」「社長賞」「新人賞」「合理化推進賞」。

○「月間ＭＶＰ」

同社では、売り上げと利益の毎月の目標に対する達成率や、前年対比の数字を営業員同士で競わせ、毎月最も成績優秀だった従業員に「月間ＭＶＰ」を贈っている。

受賞者は一カ月の間、自分の机に表彰のトロフィーを置くことができる。受賞者にとって、達成感を満たすと同時に優越感を感じさせるシンボルだ。

トロフィーは、受賞しなかった従業員の目にも当然入る。そして、つぎは自分が取りたいという感情が自然にわき起こる。

［選考方法］

表彰の選考は役員が行っている。

営業主体の会社であるため、選考基準では、成果としての数字が大きなウエイトを占める。しかし同社は、結果を重視すると同時に、目標達成にいたるプロセスも大切にしている。働く部署によって環境や条件が異なるからだ。

また、同じ達成率だとしても、長い試行錯誤の期間を経て実績に結びつくこともある。従業員の努力によって成果が花開いた瞬間を評価し、タイミングよく表彰することにも気を配っているという。

［表彰の方法・演出］

同社の表彰式では、受賞者だけでなく、所属する部署のこともあわせて紹介する。

また、受賞に届かなかった二位以下とその所属部署についても、どんながんばりがあったのかを伝えている。

結果だけでなく、従業員を取り巻く環境も、同社は重視しているのだ。

表彰式は自社内のホールで開催される。

同社では感動を与える表彰式を心掛けており、受賞者の発表の際にドラムロールを入れるなど、演出にも工夫をこらしている。

［導入した経緯］

同社が表彰制度を導入したのは、現社長である松本將氏が社長に就任してからのことだ。

きっかけは、同氏が在籍していた青年会議所で出会った数々の表彰式にある。表彰のすばらしさを身をもって体験した松本氏は、自社にも表彰制度を取り入れたいと思うようになった。

表彰制度を導入するにあたり、社内では予算を巡って議論が交わされた。

「年間一〇〇万円近くかかる費用をボーナス以外で使う意味がどこにあるのか」

「ボーナスできちんと評価していれば、表彰など必要ないのではないか」

などといった反対意見が出たという。

そうした意見に対し、社長の松本氏が出した答えにはつぎのような考えが示された。

「いくら成績が良く、高い報酬をもらったとしても、自分が認められているという安心感をもてないと、人は心の平穏を保つことができない」

「マズローの欲求五段階説（一二三ページ参照）にあるように、〝認められたい〟という欲求が満たされないことには、自己実現というつぎの欲求に向かわない」

こうした議論から、老舗企業にありがちな組織の硬直化を打破し、がんばっている現場の若手従業員にスポットライトを当てるためには、従業員をもっと認める制度が必要であるという結論にいたった。

それが表彰制度だったのだ。

表彰制度導入の目的は、ほかにもあった。松本氏が先代との社長交代後、会社方針の転換を全従業員に周知徹底することが必要だったのだ。

また、社内の資源を最大限に活用するためには、業績の優秀な人がどんな行動をしているのかという情報を、全社で共有する必要もあった。

それらも、表彰制度導入の大きな目的だった。

［表彰制度の効果］

○売り上げを翌月回しにしなくなった

同社では、表彰の基準となる売り上げなどの達成率を、ＰＣからいつでも、だれでも確認できるシステムを導入した。

すると、従業員はシステム導入前より数字に敏感になり、なかには締め切り直前に大きな実績を上げる作戦を立て、一発逆転をねらう従業員が現れるようになった。

このように、従業員はゲーム感覚で楽しみながら表彰をめざすようになり、目標達成後もさらにがんばって数字を伸ばし、売り上げを翌月回しにするような従業員はいなくなった。

○社内の風通しがよくなった

表彰対象者は各部門の長から推薦されるが、表彰制度導入前は、部門の担当役員によっては、従業員が成果を上げるまでの経緯を知らないこともあった。

しかし、受賞者選考の場で担当役員が表彰理由を細かく説明しなければならなくなったため、役員が現場の従業員のことを詳しく知る必要が出てきた。

表彰制度が、役員と現場従業員の距離を縮め、社内の風通しのよさにつながったのだ。

○ノウハウや経験の共有

表彰式における受賞者のスピーチは、社内におけるノウハウや経験の共有につながっている。受賞者が、受賞にいたるまでの地道な努力やテクニックをほかの従業員に伝えることは、経験の少ない従業員にとって貴重な学びの機会にもなっている。

○感謝の気持ちを伝える

ふだんは業務に忙しく、なかなか、日ごろお世話になっている人たちに感謝の気持ちを言葉にして伝えることができない。

こうした表彰式は、指導してもらった上司や、お世話になった内勤の方々やパートさんたちに対する、感謝の気持ちを伝え合う場としても貴重な機会になっている。

○従業員のモチベーションアップ

表彰される「喜び」に対し、表彰されない「悔しさ」もモチベーションの源泉になっているようだ。

たとえば、目標の達成率が八〇%だったとしても、表彰制度がなければ、自分に妥協してしまう恐れがある。

しかし、表彰制度があることで、華やかな場で表彰されている同僚と自分を自然と比べるようになる。

そして、つぎは自分がスポットライトを浴びたいという願望が、従業員のがんばりの原動力になっているのだ。

○信頼関係の強化

表彰制度を通じて承認を表すことは、会社と従業員の信頼関係強化にも役立っている。

頻繁に表彰を受けている従業員で、離職する者は一人もいないそうだ。

田村信夫

〝ちょっとアホ！〟な表彰が二度のV字回復を牽引

流通・小売業の事例

株式会社ヒューマンフォーラム

株式会社ヒューマンフォーラムは、全国に三〇店舗以上の衣料品および雑貨を展開する小売業である。代表者は創始者である出路《でみち》雅明社長。従業員は現在約六二〇名で、うち正社員は約四〇〜五〇名。

◉会社の概要
1997年設立
所在地：京都府
代表取締役：出路雅明
資本金：1000万円
従業員数：約620名
取り入れている表彰制度：売上ダービー、ミステリーツアー、おしゃワングランプリ、その他、随時いろいろな賞を企画

［表彰制度の内容］

同社にはとにかくユーモアにあふれた賞がたくさんあり、テレビ番組への出演依頼を受けたこともある。

一年に一回、あるいはシーズンごとなどに定期的に実施されているものと、従業員を楽しませるために随時企画されるものがある。

対象は、店舗（チーム）もしくは個人となっている。

代表的な賞はつぎのとおり。

○「売り上げダービー」

「HF売り上げダービー」はシーズンごとに年四回行われる。「年間総合売り上げダービー」は、その計四回のダービーの総売り上げを競う。

四半期ごとに、比較的商品が売れやすい期間をダービー期間に設定し、その期間中の売り上げに対する表彰だ。立地状況によって売上高に差があるので、目標値に対する達成率を競うこととしている。

三カ月単位（春夏秋冬）で集計し、年四回、表彰式を行う。

入賞した店舗や部署に対しては、所属メンバー全員で使える食事券と、自社で洋服を購入できる金券が贈られる。

惜しくも入賞を逃した場合でも、目標を達成した店舗には、ピザやフライドチキン、寿司などのデリバリーが贈られる。

○「ミステリーツアー」

年に一度、選ばれた従業員二名が、二週間にわたって全国の店舗を回り（ミステリーツアー）、その店の接客態度や売り場の雰囲気などをチェックする。そして、その結果、評価の高かった店舗を表彰する。

「ミステリーツアー」に参加できる従業員は、日ごろの店舗への貢献度を評価された者で、店長からの推薦で選ばれる。

すなわち、このツアーへの参加者として推薦を受けること自体が名誉なことであり、表彰の意味も含んでいる。

どの店舗に、いつどのように回るか、どこに宿泊するかなど、選ばれた従業員たちがすべて自ら計画して、自由に回ることができる。

○「おしゃワングランプリ」

地区ごとにおしゃれな従業員を推薦し、社内投票により上位者を表彰する。

年に一回の実施で、二〇一一年までは、金券を副賞としていたが、二〇一二年実施の際は、海外出張も副賞として付与し、外国で洋服の買いつけをできるようにしたそうである。

〔選考方法〕

○「売り上げダービー」

各店舗の売り上げは、本社へ日々送られて来るので、本社から順位を発表する。

○「ミステリーツアー」

店舗を回る従業員は、各店長がまず推薦し、その推薦者の中から二名をスーパーバイザー会議で選抜する。

○「おしゃワングランプリ」

毎年五～六月にかけて、「全国行脚ツアー」というイベントがある。

全国に散らばる店舗を八地区に分け、地区ごとの店舗が一堂に会し、そこで社長が、経営の考え方や方針を発表する機会としている。

従業員たちは、そのツアーに参加するときには、自分で考えた〝めいっぱいのおしゃれ〟をしてくることになっている。

当日、参加者たちは、集まった仲間の中で最もおしゃれだと思う人の名札を確認し、投票する。投票結果は、当日のうちに発表され、地区代表となる。

地区代表は社内報に掲載され、その写真を見た全店舗スタッフによって再投票がされる。その結果は本社に集められ、上位者が発表される。

【表彰の方法・演出】

◯「売り上げダービー」

四半期のうち、春・冬の「売り上げダービー」は、それぞれ「全国行脚ツアー」「社内総会」という複数店舗の従業員が集まるイベントがあるため、その場を利用して表彰式を実施する。

表彰式では、各店舗の店内の様子を写した映像を流す。自分たちの店舗が映し出されると、その店舗の従業員たちは非常に盛り上がるそうだ。

集まるイベントがない、夏・秋の「売り上げダービー」については、表彰内容をビデオ撮影し、各店舗に配布し店舗従業員全員が見られるようにしている。

◯「ミステリーツアー」

選抜された二人の活動が社内報へ掲載されることで、従業員たちに周知される。

◯「おしゃワングランプリ」

地区代表の投票結果は、全国行脚ツアーの夕方から開催される懇親会で発表される。結果はその日のうちに、参加者全員の前で明らかになるので、盛り上がりが大きいそうだ。

全国区での受賞者は、写真つきで社内報に掲載され、注目も浴びる。形として残り、家族や友達にも見せられるため、本人たちは非常に喜ぶのだそうだ。

【導入した経緯】

社長の出路雅明氏によれば、同社は過去に経営が悪化し、倒産の危機に直面したことがあったという。

その当時、何をやってもうまくいかなかったが、ふと「原点に戻ろう」と考え、「恰好をつける」のをやめて、仕事も創業のころのように楽しく好きにやっていたところ、うそのように業績が回復したのだという。

その経験から、「楽しくして〝ちょっとアホなくらい〟がうまくいく」ということを悟り、従業員が楽しみながら働くための仕組みとして、表彰をはじめたとのことである。

【表彰制度の効果】

同社の表彰は、優劣を決めることではなく、楽しむことに主眼を置いてきた。

また、個人のみならず、できるだけたくさんのチームや店舗を表彰するよう心掛けた。

その結果、業績回復をさらに牽引する結果となった。

たとえば「売り上げダービー」は、店舗内の従業員同士の結束力を高める。

目標達成の賞品を、店舗内で食べられるデリバリー食品としているため、営業時間後に皆で食べながら、自分たちのがんばりを承認し合うとともに、いろいろな話をすることで、学生アルバイトにも帰属意識が高まり、店舗の雰囲気が大変よくなるそうだ。

また、「ミステリーツアー」には、経営上有効な効果がいくつもあるという。「ミステリーツアー」に参加する従業員は、各店舗をチェックする際に、ユニークな陳列や、効果的と思われるポップなど、良いと思ったポイントを写真に撮って冊子を作成したり、社内のネットワーク上に掲載したりすることになっている。

それを見た別の店舗は、良いアイデアをすぐに取り入ることができる。全国に散らばる各店舗の優れたノウハウを、自分の店舗にいながらにして共有できるというわけだ。

さらに、「ミステリーツアー」の参加者に選ばれる従業員は、店舗の売り上げを支える要《かなめ》となる人物である。

その優秀な従業員が留守をする二週間の間に、残された従業員たちは、「○○さんの苦労がわかった」と、ぐっと力をつけるのだそうだ。

「おしゃワングランプリ」では、二〇一一年から服の買いつけができる海外出張を副賞とした。この海外出張で、表彰された「おしゃれな」従業員が買いつけてきた服は、他の従業員をうならすようなものが多く、参考になったという声があがった。

結果、会社にとっても有益な副賞となったそうだ。

また、従業員の声により「おしゃワングランプリ」の発展型として、二〇一二年から、「店内商品のみを使いどれだけおしゃれなコーディネイトができるか」を店舗間で競う「おしゃれグランプリ」という新たな表彰ができ、盛り上がっているという。

本社の表彰制度担当者たちは、「当社では、表彰は当たり前のものとなって、すっかり根づいている。楽しみながらどんどんアイデアが出るので、それが業績アップにそのまま結びついている」と明言する。

橘　雅恵

交流が少ない従業員たちの貴重なコミュニケーションの場

流通・小売業の事例

株式会社カシックス

株式会社カシックスは、京都市伏見区に本社を置く物流会社である。営業地域は京阪神滋を中心に、京都、大阪、神戸、南大阪に自社拠点を構える。従業員はパートも含めて一一〇名、そのうち九〇%をトラックのドライバーが占めている。保有車輌は八〇台。「まかせて安心‼ カシックス」を合い言葉に、近畿地方の物流に貢献している。

◉会社の概要

1951年設立
本社所在地：京都府
代表取締役：藤田周士
従業員数：110名
資本金：5000万円
取り入れている表彰制度：ありがとう大賞、愛社精神表彰など

【表彰制度の内容】

表彰は、毎年のスローガンに合わせ、テーマを変えて行う。

二〇一〇年には、「愛社精神表彰」が行われた。各支店から愛社精神あふれる従業員を所属長より推薦してもらい、同社幹部の審査のうえ、「グッドコミュニケーション賞」一名、「まかせて安心賞」二名、「最優秀賞」一支店を表彰した。

「ありがとう大賞」は、二〇一一年の会社創業六〇周年を記念して、各支店から〝ありがとう〟の言葉にふさわしい従業員を支店長より推薦してもらい、同社幹部の審査のうえ、「最優秀賞」一名、「優秀賞」五名、「特別賞」一名を表彰した。

二〇一二年には、〝本気さ〟をテーマに、抜き打ちで全従業員による一分間スピーチ大会を行い、管理職と外部顧問による審査で、優勝、顧問賞、社長賞、部長賞各一名を表彰する「スピーチコンテスト」を行った。

毎年同様の表彰をくり返す場合にはマンネリ化してしまうケースもあるが、毎年テーマが変わることにより、従業員を飽きさせないと同時に、対象者が偏らないというメリットもある。

【表彰の方法・演出】

毎年四月の最終日曜日、決算期に合わせて、全従業員が参加する経営発表大会を行っている。社長からの新年度に向けての年間方針の発表、各支店からの発表、前年度の報告などがあり、従業員表彰も合わせて行われる。

［導入した経緯］

従業員は、そのほとんどがトラックのドライバーであるため、勤務時間中、従業員同士が顔を合わせることがあまりなく、拠点間での交流もあまりなかった。

そこで、従業員同士がコミュニケーションを取るきっかけづくりのため、表彰制度を積極的に活用するようになった。

［表彰制度の効果］

経営発表大会では、次期の経営方針やスローガンを社長自ら全従業員に向けて語りかける。表彰のテーマもスローガンに沿ったものとなる。

各支店の所属長は、そのテーマに合った部下を表彰の候補者として推薦するため、自然と従業員の行動を日ごろからよく観察し、コミュニケーションを取るようになったという。

また、経営発表大会での表彰式を通じて、日ごろあまり顔を合わせることのない従業員同士が交流するよい機会となっている。

武藤 崇

注目される機会が少ない社員にスポットライトを当てたい

流通・小売業の事例

株式会社大昌

株式会社大昌は、京都府綴喜《つづき》郡に本社を置く物流会社。商品の配送、保管、入出庫、ピッキング業務から加工まで手掛けている。また、必要素材の調達や顧客の物流の一括管理、ローコスト物流のコンサルティングなども行っている。

◉会社の概要
1995年設立
本社所在地：京都府
代表取締役：大川喜治
従業員数：49名
資本金：2500万円
取り入れている表彰制度：年間MVP、社長賞、社長特別賞、環境整備賞、永年勤続賞

［表彰制度の内容］

○「年間ＭＶＰ」

社内の各部門の長にあたる者が、部下の中から、年間を通じとくに優れた成果を上げた従業員をそれぞれ一人ずつ推薦する。

そして、その候補者の中から社長が一人を選び表彰する。

○「社長賞」

年間を通じ、社長が最も表彰に値すると感じた従業員を一人選び、表彰する。

○「社長特別賞」

年間ＭＶＰの候補にあがりながら選にもれた従業員の中から、とくに表彰したい者がいる場合に表彰する。

○「環境整備賞」

部署ごとに担当区域を決めて環境整備をし、年間を通じて最も優秀だった一部署を選び表彰する。

○「永年勤続賞」

勤続年数により表彰する。

【表彰の方法・演出】

表彰式は、全従業員が出席する年一回の経営計画発表会で行われる。プレゼンターである社長は、表彰状に書かれている表彰文を読まずに、受賞者の実績をストーリー仕立てにした原稿を読む。

この原稿に使用される情報は、事前に社内スタッフによって集められる。このような工夫をすることにより、表彰式は大いに盛り上がるそうだ。

【導入した経緯】

社長の大川喜治氏が表彰制度を導入するようになったきっかけは、ふだんあまり周囲から注目される機会の多くない従業員に、スポットライトを当てたいと思ったことにある。一年に一度、従業員に晴れの舞台を用意することで、従業員のモチベーションアップにつなげたいというのが、社長の大川氏の思いだ。

同時に、従業員の日ごろの努力に報いるという気持ちと、従業員への感謝の気持ちも表彰制度には込められている。

【表彰制度の効果】

社長の大川氏によると、表彰制度が従業員に及ぼす効果は、実際のところはよくわからないという。

だが、表彰する側である社長にとっては、従業員の喜ぶ顔は何よりうれしく、社長自身のモチベーションは、間違いなく上がっているという。

田村信夫

従業員や家族、取引先を元気にする表彰

流通・小売業の事例

株式会社吉寿屋

株式会社吉寿屋《よしや》は、大阪に本社を置く、菓子の卸販売会社だ。関西地区に直営、フランチャイズ含め、約一二〇の店舗をもつ。従業員の七割以上が女性である。

◉会社の概要
1968年設立
本社所在地：大阪府
代表取締役：神吉秀次
従業員数：302名
資本金：7500万円
取り入れている表彰制度：成績優秀者表彰（売り上げ目標達成、利益目標達成、前年比伸び率）、あいさつコンテスト、店舗クリーンおそうじコンテストなど

［表彰制度の内容］

同社の表彰制度は、一九六四年の創業当初から今日まで、絶えることなく行われてきた。創業者である会長の神吉武司氏が、自ら表彰制度の内容を企画する。

神吉会長に「表彰制度を行う目的は？」と尋ねると、「従業員に元気になってもらうこと」と断言する。内容を考えるときも「どうしたら従業員が喜んでくれるだろう？」と、そればかり考え、あれこれと知恵を絞るそうだ。

その言葉どおり同社では、表彰制度を含め、さまざまなイベントなど、従業員が喜ぶ〝仕掛け〟が盛りだくさんだ。

気をつけていることは、「できるだけ全従業員に広く公平に」「ゲーム性を取り入れる」「従業員の家族や取引先にも喜んでもらえるように」ということ。

その一例を紹介しよう。

「成績優秀者表彰」は、営業社員のうち、売り上げ・利益目標の達成率、前年対比の伸び率などにより決定される。

そして、上位の者には、海外旅行などの豪華賞品が贈られる。そのなかでもとくに成績が優秀だった者には、現金五〇〇万円が贈呈される賞もある。

全従業員を対象に行う表彰もある。「あいさつコンテスト」は、周囲を明るくするような気持ちのよい挨拶ができる部門を表彰する。営業部門・事務部門・倉庫部門の対抗戦だ。

ユニークなのは、社内のみならず、取引先の運送会社やメーカーの担当者も表彰されるということ。社外の人に対しては、コンテストを行っていることを内緒にしてこっそりと審査を行い、対象期間が終わった後、サプライズで表彰するそうだ。

「店舗クリーンおそうじコンテスト」は、二カ月の期間中に三回、営業社員が各店舗を回り、床、レジ回り、バックヤードなど、あらかじめ決められた特定の場所の写真を撮影。後日、それをもとにどの店舗が清潔に保たれているかを審査し、表彰を行うというもの。

二カ月間としたのは、一定の期間、毎日意識して念入りに清掃を続けることで、ほかを圧倒するような美しい店舗になることを実感してほしかったから。コンテスト期間を通じて習慣がつけば、コンテストが終わった後もそれが日常となり、美しい店舗が保たれるという。

【選考方法】

「成績優秀者表彰」は、売上目標達成率、利益目標達成率、前年比伸び率により選考される。売り上げや利益だけで判断すると受賞する人が偏ってしまうが、伸び率であれば、営業社員全員にチャンスがある。

「あいさつコンテスト」や「おそうじコンテスト」などコンテスト形式によるものは、その都度審査により決定する。

【表彰方法・演出】

豪華でユニークな賞品が、同社の表彰の特徴の一つだ。

「成績優秀者表彰」の商品の一例として、ベンツやレクサスを営業車として使用できる権利、というのもある。

一般的には、営業成績に対するインセンティブは、報奨金などお金で支給されるケースがほとんどだが、それでは一時的に喜ばれるだけで終わってしまう。

しかし、毎日乗る営業車であれば、日々自らのがんばりを実感することができる。そのうえ、訪問した客先で「お客様のお陰です」と感謝を伝えることで、お客様にも喜んでもらうことができるという。

【表彰制度の効果】

賞品が豪華すぎるほど、本人にはプレッシャーがかかるのではないか？　他社では、賞をもらった人が重荷に感じて辞めてしまったケースもあったが……という問いかけに対して、神吉会長は以下のエピソードを紹介してくれた。

過去に、成績優秀者表彰で五〇〇万円を受け取った営業社員が、緊張した面持ちでこう言ったそうだ。

「会長、こんなにすばらしい賞をいただいてありがとうございます。これからもっとがんばります！」

その従業員に対し、会長はこう声をかけたという。

「君、それは違うよ。私たちは、君の過去の貢献に感謝したいだけだ。将来の貢献を期待して表彰したのではない。君が『またこの賞が欲しいからがんばる』というのなら、それは君の自由だけどね」

見返りを期待しないこと、与えたら忘れることが、表彰の効果を高め、継続するポイントだという。

「表彰でも何でも、続けることが大切」と、神吉会長。創業以来約五〇年もの間、毎年最低でも二〇回は表彰し続けている。

［その他のモラールアップ策］

表彰制度以外にも、ほめるための仕掛けがいろいろと用意されている。

なかでも従業員に人気があるのが「幸せカード」だ。

これは、ゴールド、シルバー、ブロンズの三種類があり、従業員が良いことをしたときにほめて渡す。

ゴールドは上司の推薦のうえ審査があるが、シルバーとブロンズは職場の責任者がつねに持っていて、良い行いをした従業員に直接渡す。

ゴールドが一枚一万円、シルバーが三〇〇〇円、ブロンズが一〇〇〇円として、予算は年間二〇〇万円くらい。半年に一度清算される。

ちなみに、悪いことをしたときに渡される「カミナリカード」もある。遅刻をしたときや、机の中が整理整頓されていないときなどに渡され、これが三枚たまると会社を辞めなければならないそうだ。

ほかにも、早朝出勤した従業員、連休に出勤した従業員、月次決算で利益が出たらと、とにかくほめるポイントを見つけては、お菓子やくだものといった、従業員の家族にも喜んでもらえるような賞品を渡す。

できるだけ多くの従業員に行き渡るように配慮しつつ、ゲーム性を取り入れて楽しさを演出する。

こうした取り組みが、従業員の気持ちを盛り上げ、同社の業績を支えているという。

このほか同社では、従業員や家族、取引先に元気になってもらうためのさまざまなイベントや取り組みを数多く実践している。

このためか、永年勤続者が多く、定年以外の退職者はほとんどいないそうだ。

松下慶子

4　運輸通信業の事例

明確な基準で貢献の質も評価する表彰制度

運輸通信業の事例

全日本空輸株式会社

全日本空輸株式会社は、国内線では日本最大の旅客数を誇る航空会社。国際線はアジア、アメリカ、ヨーロッパに運行している。略称はANA。

◉会社の概要
2012年発足（1952年設立）
本社所在地：東京都
代表取締役：篠辺 修
資本金：100億円
従業員数：14193名（2012年9月現在）
取り入れている表彰制度：エクセレント・サービス・アワード、ANA'S STAR AWARDなど

［表彰制度の内容］

○「エクセレント・サービス・アワード」

ＡＮＡの全グループ従業員および総代理店、協力会社、海外地区従業員を対象にした表彰制度。

各部門を代表する選考委員が、一二カ月間に顧客から届いた「おほめ」のリポート（約五〇〇件）をすべて確認。「あんしん、あったか、あかるく元気！」というグループブランドにふさわしく、「お客様と共に最高の歓びを創る」というブランドビジョンにも合致し、なおかつ顧客と仲間の双方から受け入れられる事例を選び、表彰する。

○「ANA'S STAR AWARD」

客室乗務員を対象とした表彰制度。客室乗務員は同僚の良い仕事ぶりを見かけたとき、その人にカードを手渡すことになっている。

そのカードによる同僚からの評価のほか、顧客から届いた「おほめ」の言葉や、会社への改善提案など、業務への貢献実績に基づく所属組織からの評価を総合的に評価し、三カ月ごとに受賞者を選考し、表彰する。

［選考方法］

受賞者の選考に際しては、デジタル化、数値化すると基準が明確になる反面、貢献の「質」

を評価しにくい欠点がある。

その点、同社の表彰制度は両方の長短をよく考えている。「エクセレント・サービス・アワード」は、顧客から届いた多数の声の中から選考委員が質の高い事例を選出するという方法を取っている。

「ANA'S STAR AWARD」では、同僚から贈られたカード、顧客からの「おほめ」の言葉、所属組織からの推薦という多方面からの評価で受賞者を決定している。

従業員の立場から見ても公平性、納得性の高い表彰制度だといえよう。

【表彰の方法・演出】

表彰セレモニーは、年に一度、すべての受賞者を羽田空港に招待し、CS（顧客満足）担当役員も参列する中で事例紹介、職場の上司・同僚からのサプライズ・ビデオレター放映、ならびに食事会が行われる。

【導入した経緯】

航空業界ではグローバルな競争が激しさを増していて、その中で生き残るには他社との差別化が欠かせない。

同社では顧客の声に徹底してこだわる企業姿勢をとっている。

表彰制度は、品質向上のための組織活性化に向けた風土改革・意識改革の環境整備の一つとして取り入れられたものであり、顧客からだけでなく、ほかの従業員にも認められる業務姿勢を高めるための施策と位置づけている。

［受賞者の具体例］

受賞者は、客室乗務員や空港係員にかぎられるわけではない。整備工場見学担当者、空港係員、客室乗務員の三者によるチームプレーが受賞したつぎのようなケースもある。

あるとき、病気がちな夫婦が羽田空港の整備工場へ見学に来られた。その際の対応が良かったことに加え、見学担当者の勧めもあって、後日その夫婦が同社の便に搭乗された際にも、空港や機内で連携のとれた対応がなされたということで、夫婦からおほめの言葉が届いた。

そのチームワークに対して賞が贈られたのである。

［表彰制度の効果］

担当者の感覚として、表彰制度が社員のモチベーション維持につながっているということである。

太田　肇

5　その他業種の事例

社内の承認が少ないとの指摘から、感謝の気持ちを伝える表彰へ

その他業種の事例

川相商事株式会社

川相商事株式会社は、大阪府門真市に本社を置き、製造アウトソーシングや人材派遣、物流センター業務などを営んでいる。派遣・請負で働いているスタッフは約四〇〇名。「尊敬の心」を企業理念とし、派遣スタッフを対象に「創《そう》喜《き》感働塾《かんどうじゅく》」という社内スクールを開講するなど、従業員教育にも力を入れている。

◉会社の概要
1947年設立
本社所在地：大阪府
代表取締役：川相政幸
従業員数：44名
資本金：4500万円
取り入れている表彰制度：行動指針大賞、奨励賞、優秀社員賞、年間最優秀社員賞

【表彰制度の内容】

○「行動指針大賞」

従業員研修のときに提示される行動指針に、最も合致している従業員を表彰する。月一度の従業員研修時に表彰される。

○「優秀社員賞」「奨励賞」

部署を問わず、従業員の中から優秀な者を表彰する。年に二回開催される社員集会で、全従業員の前で表彰される。受賞者は、「優秀社員賞」が毎回二名程度、「奨励賞」は毎回五〜八名。

○「年間最優秀社員賞」

部署を問わず、従業員の中から、年間を通じ最も優秀な者を表彰する。年に一度、年初に全従業員の前で表彰される。表彰されるのは一名のみ。

表彰式の際には、受賞者に賞状と金一封が贈られる。また、表彰式の際に撮影された写真を写真立てに入れたものが、後日、受賞者に贈られる。

【表彰の方法・演出】

金一封の金額は数千円から三万円程度と、それほど多くはない。

あまり大きな金額を賞金として出すと、表彰よりも賞金に目がいってしまうからだ。また、賞金を出すのをやめたときに反発が生じるという懸念もある。そのような理由から、金額はあえて多くしていないそうだ。

表彰状の文面は、全員同じではなく、表彰される人それぞれの表彰理由を盛り込んで作成している。

【選考方法】

「年間最優秀社員賞」「優秀社員賞」「奨励賞」の各賞は、従業員からの推薦の後、管理職で構成する管理者会議で受賞者を決定している。

同社は、選考のハードルをあまり高くしていない。たとえば、「毎朝いちばんに会社に来て掃除をしていた」ということでも表彰の対象にしている。

できるだけ多くの人を表彰したいという考えが、同社の表彰制度の根本にあるからだ。

【導入した経緯】

同社が表彰制度を導入したのは、トラストサーベイという従業員満足度調査で、「社内に承認が不足している」と指摘されたことがきっかけだった。

トラストサーベイというのは、組織内の信頼度とモチベーションを科学的に診断し、組織改革や改善につなげるための組織診断ツールである。

この調査結果を踏まえ同社では、承認の機会を増やすためにさまざまな手法を検討した。いろいろな案が出た中から、改善手法の一つとして導入したのが表彰制度だった。

このような経緯から、同社の表彰では、感謝の気持ちを伝えることに重点を置いている。同じように表彰していても、相手に感謝するという気持ちが強いのと、相手をほめるという気持ちが強いのとでは、相手への伝わり方が違う。

感謝は純粋に感謝なのであり、そこには意図や目的などは存在しない。ほめるより感謝の気持ちを伝える方が、相手を認めているという気持ちが、より伝わりやすいのだという。

大切なのは、相手に対して意図的に何かをするのではなく、自分の感情を素直に表現することなのだと、社長の川相政幸氏は語る。

【表彰制度の効果】

表彰の効果としていちばん大きいのが、表彰式の際の受賞者の喜ぶ姿だそうだ。

それに加え、業績を上げた従業員を皆の前で表彰することによって、受賞者のことを従業員全員が知ることができるという効果もあるようだ。

ふだんあまり接する機会のない他部署の従業員のことは、お互いよくわからないことが多い。表彰制度が、社内コミュニケーションの活性化に一役買っているのだ。

田村信夫

表彰が社員に笑顔を運び、新たなことに挑戦する原動力に

その他業種の事例

株式会社タカデン

株式会社タカデンは、大阪府堺市に本社を置く、電気・空調工事、オール電化、リフォームなどを手掛ける会社だ。近年は快適なオフィスづくりにも力を入れ、「ありがとう溢れる心豊かな成幸者共育企業を目指し社会に貢献します！」を経営理念にしている。

◉会社の概要
2006年設立
本社所在地：大阪府
代表取締役：高雄雅彦
従業員数：8名
資本金：300万円
取り入れている表彰制度：社長賞、ありがとうカード賞、理念実践賞、品質向上賞、環境整備賞、社員が選ぶ最優秀社員賞

［表彰制度の内容］

○「社長賞」

自分の通常業務以上のことをした人に贈る賞。

〝ここいちばん〟というときに、自分の役職を超えた仕事をした者に注目を集めることがねらい。

たとえば、事務職の者が、現場で人手の足りないときに現場に入って仕事をする、というようなことが対象となる。

○「ありがとうカード賞」

「ありがとうカード」を贈ったり、もらったりした枚数で表彰者を決める賞。

「ありがとうカード」とは、従業員同士がお互いに感謝の気持ちを伝え合うために贈るメッセージカードのこと。

○「理念実践賞」

経営理念の社内への浸透を目的につくられた賞。

○「品質向上賞」

顧客からの声がテーマの賞。

同社では、顧客からの喜びの声など〝プラス〟のフィードバックだけでなく、クレームなどの〝マイナス〟のフィードバックをもらうことも幸運な機会ととらえている。

自社の課題が明らかになり、改善に取り組むきっかけになるからだ。

〝マイナス〟のフィードバックは「ラッキーコール」と呼び、朝礼の席で発表し合っている。その発表内容が表彰の対象となる。

○**「環境整備賞」**

清掃活動に対する表彰。

同社は3S活動（整理、整頓、清掃）など、環境整備に力を入れている。環境整備の重点方針は毎年変わるので、選考の際は、その年の方針に沿った活動をしているかどうかも重要な判断基準になる。

○**「社員が選ぶ最優秀社員賞」**

年間で総合的に最も優れた評価を受けた者を選ぶ賞。

ほかの賞が個別のテーマに対する賞であるのに対し、テーマに関係なく、ふだんのがんばりなどを考慮して選考される。


【選考方法】


「社長賞」は社長が独自に選考し、「社長賞」を除く各賞の選考は、委員会メンバーでもある従業員が行っている。

なお、選考に際し、評価はすべて点数化されている。

○「ありがとうカード賞」

もらったカードと贈ったカードの月間合計枚数を自己申告し、それらを集計したものが選考基準になる。

受賞者はカードの合計枚数で決めるのだが、同社は感謝の気持ちを伝えることを重視しているので、カードをもらった枚数より、贈った枚数のほうをより重視している。

○「理念実践賞」

従業員による相互評価で選考する。

選考基準は従業員が独自に定め、毎月自分以外の従業員をチェックし、ポイントをつける。ポイントの合計のいちばん高い者が表彰される。

選考は理念実践委員会が行っている。

○「品質向上賞」

顧客の声を朝礼の席で発表し合った中から、品質向上委員会のリーダーがいちばん印象に残ったものに点数をつけ、その点数の累計で表彰している。

選考は品質向上委員会が行っている。

○「環境整備賞」

従業員が朝、もしくは夕方の業務時間の合間に、週ごとに決められたエリアを清掃し、チェック項目の基準どおりできたかを自己申告する。

それらを点数化し、合計点数のいちばん高い者を表彰する。

選考は環境整備委員会が行っている。

○「社員が選ぶ最優秀社員賞」

従業員同士の合意によって選考する。

以前は、ほかの五つの賞から社長賞を除いた四つの賞で得た評価の点数を合計し、最も点数の高い従業員が表彰されていた。

現在は選考方法を変更し、年によっては受賞者がいない年もある。

［表彰の方法・演出］

各賞の受賞者には表彰状と、副賞として金一封が贈られる。

同社では一般的なサイズより小さめの表彰状を、少し大きめの写真立てのような額に入れて贈っている。

一般的なサイズの表彰状だと、もらっても、自宅で額に入れて飾る者はきわめて少ないからだ。

同社では、受賞者が表彰状を飾るシーンにまで気を配っているのだ。

表彰式は、新年会など仕入先や勉強会仲間が集まるときに行うようにしている。

受賞者に表彰状と副賞を贈るだけでなく、仲間からの祝福が集まるように心掛けているからだそうだ。

【導入した経緯】

同社が表彰制度を導入するようになったのは、社長の高雄雅彦氏が、ある会社の表彰式に出席したことがきっかけだった。

その会社の表彰式は、表彰する者も、表彰される者も、出席者すべてが感動するようなすばらしい表彰式だったという。

自社でもそんな感動的な表彰式を開催したいという高雄氏の思いが、同社の表彰制度導入につながった。

【受賞者の具体例】

過去の受賞者の例では、副賞として、社長と一緒にガチンコプロレスやシルク・ド・ソレイユのショーを観に行き、その後、高級レストランで食事をともにしたということがあった。

従業員は少し緊張したようだが、社長と二人きりでゆっくり話をしたり、会社の将来や、お互いのビジョン、夢の話をしたりするような機会はあまりないので好評だったという。

また、従業員とのコミュニケーションという点でも、一対多では伝わらないことも、一対一だと伝わりやすく、いいコミュニケーションの機会にもなっていた（この副賞は現在行われていない)。

[表彰制度の効果]

従業員の笑顔が増えたことが、表彰制度導入のいちばんの効果だというのが、社長の高雄氏の話である。

加えて、従業員がいろいろなことにチャレンジするようになった、従業員のモチベーションが上がった、部門内でのコミュニケーションがよくなった、ということもあるそうだ。

同社では、従業員の行いのマイナス部分には目をつぶり、あくまでプラス部分のみを評価することを心掛けているという。

そうしたことが、従業員のチャレンジのしやすさにもつながっているようだ。

田村信夫

〝人のよろこび〟を〝自分のよろこび〟とする表彰

その他業種の事例

信和建設株式会社

信和建設株式会社は、大阪府大阪市に本社を置く、建築、リフォーム、分譲から土木事業まで手掛けている会社だ。「人のよろこびを自分のよろこびとする」という企業理念に基づき、建物を通じた社会貢献にも力を入れている。

◉会社の概要

1959年設立

本社所在地：大阪府

代表取締役：前田裕幸

従業員数：約110名

資本金：7000万円

取り入れている表彰制度：年間MVP賞、年間優秀社員賞、年間優秀社員特別賞、月間MVP賞、月間社長特別賞

【表彰制度の内容】

同社には、「年間MVP賞」「年間優秀社員賞」「年間優秀社員特別賞」「月間MVP賞」「月間社長特別賞」などの賞がある。

表彰の対象となるのは全従業員で、各賞の受賞人数はとくに決まっていない。

【選考方法】

受賞者の選考は、役員を中心とした総勢七名の選考委員会で行われる。

各選考委員がそれぞれもち点をもち、表彰に値すると思われる従業員に、各自のもつ点数を配分していく。

たとえば、もち点が二〇点の者は、従業員Aに一〇点、従業員Bに五点、従業員Cに三点、従業員Dに二点というように配分する。

選考委員の点数配分が決まれば、それぞれが獲得した点数を集計し、獲得した点数のいちばん多い従業員が受賞対象者となる。

獲得した点数が僅差の場合は、日常業務の様子など、周囲の従業員からの評価も参考にして役員が最終決定する。

基本的には、獲得した点数の多い従業員が表彰対象者となるが、なかには、一点だけしか獲得していない従業員について、その点数の理由を協議することもある。そして、協議の結果、一点だけしか獲得していない従業員が受賞者となることもある。

このように同社は、受賞者の選考にあたり、点数を基本にしながらも、点数だけですべてを判断するということはせず、点数の裏に隠された従業員の日常の努力を役員間で共有することも重視している。

【表彰の方法・演出】

「年間MVP賞」と「年間優秀社員賞」は年に一度、「月間MVP賞」と「月間社長特別賞」は月に一度表彰式が行われる。

「年間MVP賞」は、年末の全体会議および忘年会で表彰式が開催される。忘年会というシチュエーションもあるのだろう、特別な演出は用意しなくても、表彰式はとても盛り上がるそうである。

「月間MVP賞」と「月間社長特別賞」は、社長室で本人だけに直接手渡される（全体会議と表彰のタイミングが重なれば、ほかの従業員の前で表彰されることもある）。建設業という性格上、全員が一堂に集まる機会がほとんどないためだ。

表彰のニュースは、社内ネットワークシステムを利用して、全従業員に回覧される。

とくに社長室で手渡される「月間MVP賞」と「月間社長特別賞」は、ほかの従業員はその場にいないので、何らかの方法で情報を共有化しないと、だれが表彰されたのかわからないままになってしまうこともある。

そうしたことを防ぐ意味もあり、社内ネットワークを使って、表彰のニュースを全従業員に広めているのだ。

同社では、必ずしも会社の業務だけが表彰の対象になるわけではない。地元の祭りでイベントを企画した従業員や、社内イベントを企画し、従業員に喜んでもらいたいという思いでがんばった従業員を表彰することもある。

これは、会社の方針として、「人のよろこびを自分のよろこびとする」ということと、「地域社会への貢献」を掲げているからだ。

表彰式では、金一封と、受賞者のネーム入りのガラスの盾が贈られる。

一般的な表彰式では、紙製の表彰状が使われる場合が多いが、家に持ち帰って家族を驚かせ、「自分は会社でがんばっている、評価されている」ということを自慢してもらうには、ガラスの盾のほうが効果的だという発想からだそうである。

［受賞者の具体例］

新人従業員五名が表彰されたことがある。同社が協力している地域のお祭りにこの五人で参加し、降雪機を用いて雪を降らせたところ、子どもたちに非常に好評だったということが表彰理由だった。

彼らは五人で、計画から機器の整備、祭りの実行にいたるまですべてをこなした。

地域社会への貢献が同社の方針でもあるので、このようなことも表彰対象になったのだ。

また同社は、工事の間、地域住民の方々に迷惑をかけるという理由から、まだ建設がはじまっていない冬の更地にクリスマスツリーを飾り、イルミネーションをつけていたことがあった。ある女性従業員は、その広報を担当し、その広報がきっかけで雑誌やテレビにも紹介されたことが表彰の対象になった。

[表彰制度の効果]

表彰理由を社内ネットワークで公開するようになると、ふだん接することがあまりない従業員の一面を、ほかの従業員も知ることができるようになった。

表彰理由の情報を共有することが、社内コミュニケーションの活性化につながっているそうだ。

また、同社の社内ネットワークでは、記事を読んだ従業員がコメントを書き込むことができるようになっている。

表彰のニュースが社内ネットワークで回覧されると、受賞者にたくさんの祝福のコメントが贈られる。

そうしたことが、皆で受賞者を称えるという企業風土の形成にもつながっているようだ。

さらに、同社の表彰は、営業部や工事部など、会社の表舞台に立つ部署だけでなく、総務部や経理部など、裏方の部署にスポットライトを当てることにも役立っている。

表彰の機会に接することで、営業も工事も、裏方の支えがなければ成り立たないことを皆が認識する。

そして、表彰された従業員たちにとっても「もっとがんばって会社を支えていこう」という、新たなモチベーションの源泉につながっているそうだ。

田村信夫

6　公的機関などの事例

職員のやる気アップと病院の目標実現をめざして

公的機関などの事例

東京大学医学部附属病院

東京大学医学部附属の大学病院で、略称は「東大病院」。一八五八年に神田お玉ヶ池種痘所として設立された。

◉組織の概要

1858年開設
所在地：東京都
病院長：門脇 孝
常勤職員数：2405名
病床数：一般病床1162床、精神病床60床
取り入れている表彰制度：ベストスタッフ賞

【表彰制度の内容】

「ベストスタッフ賞」は、成果が表面化しにくい病院職員たちの仕事において、病院運営上、顕著な功績を上げた職員を表彰し、それによって職員のモチベーションの向上を図る。

さらに、東大病院が掲げる「安心、安全、思いやりの医療」の実現をめざす。

前病院長の武谷雄二教授（産婦人科）の発案で二〇〇七年度に導入された。

【選考方法】

対象は東大病院職員（個人）で、二〇一〇年度からは年間三〇人を表彰している。

選考に当たってはまず、職員を事務部、看護師、医師、医療職員（検査部、放射線部、薬剤部、栄養管理室、医療機器管理部、リハビリテーション部ほか）の四グループに分け、各グループ内に推薦委員会を設ける。

各グループから褒賞にふさわしい職員を、それぞれの職員数に応じて定めた対象人数を上限に推薦してもらう。

推薦対象はなるべく若手を優先することになっている。このため事務部では課長以上、看護師では副看護部長以上、医師では科長（部長）以上、医療職員では部長・技師長・室長の職にある者は対象から除かれる。

つぎに、推薦された者は、各グループ内の推薦委員とは別の、病院内の選考委員会で審議される。

なお選考委員会は、病院長が指名する若干名、それぞれのグループから各二名、接遇向上委員会から二名の委員によって構成される。

推薦された者は、推薦理由が記載された推薦書を提出する。

それを受けて、選考委員会では候補者の検討を行い、結果を病院長に提言する。

最終決定は病院長が行い、仕事納めなどの機会に病院長が表彰する。

［受賞者の具体例］

二〇一〇年度受賞者のうち何名かの受賞理由を紹介しておこう。

○Aさん（事務部）

業務改善に積極的に取り組み、わかりやすい情報発信と手続きの簡素化など、さまざまな有益な提案をしている。

とくに看護師募集の活動のデータ管理に貢献し、募集活動を円滑なものにしている。

○Bさん（看護師）

病棟における退院支援係として日夜奮闘し、円滑な病床管理に貢献している。

関連部門のスタッフ、患者、家族との対応もすばらしく、後輩のよき手本となっている。

○Cさん（医師）

仕事は着実・丁寧であり、コミュニケーション能力にも秀で、誠実に意思を表現し、だれに対しても分け隔てなく接する。

仕事と育児の両立でもがんばっている。

○Dさん（医療職員）

呼吸療法サポートチームの中心として、入院患者の適切な呼吸管理に貢献している。研修医、看護師、一般職員に対する院内蘇生教育も積極的に推進している。

太田　肇

大学における表彰制度の活用方法

公的機関などの事例

帝塚山大学

帝塚山大学は、六学部九学科からなる大学だ。奈良県奈良市に東生駒キャンパスと学園前キャンパスの二つのキャンパス、大阪府大阪市にサテライトキャンパスがある。

◉組織の概要
1941年創立
本校所在地：奈良県
学長：岩井 洋
学生数：学部学生4136名、大学院生73名
取り入れている表彰制度：月間MVS（Most Valuable Student）表彰、学部褒賞、学長賞

［表彰制度の内容］

同大学には、「学部褒賞制度」に基づいた表彰と、各学部で独自に行われている表彰とがある。「学部褒賞制度」に基づいた表彰は全学部で行われ、各学年の成績上位の学生が学部ごとに表彰される。この「学部褒賞」は、ほかの大学で行われている表彰制度とあまり違いはない。

同大学の表彰制度でユニークなのは、各学部で独自に行われる表彰である。

それぞれの学部が工夫をこらした表彰制度を導入しているが、ここでは経営学部で行われている「月間ＭＶＳ（Ｍｏｓｔ Ｖａｌｕａｂｌｅ Ｓｔｕｄｅｎｔ）表彰」について紹介する。

「月間ＭＶＳ表彰」とは、資格取得やサークル活動、ボランティアなどで努力をした学生の足跡を称える賞だ。

表彰式は年に数回開催される。

受賞者の人数は、その年によって異なるが、多い年では一〇〇名を超え、少ない年でも五〇名ほどが表彰される。

二〇一二年六月に開催された表彰式では、ＭＯＳ、ＣｏｍｐＴＩＡ、ファイナンシャルプランニング技能士三級、ＩＴパスポート、日商簿記検定二級合格などの資格を取得したことが表彰の対象になった。

なかには、一名で五つの表彰を受けた学生もいた。

この表彰がユニークな理由は、成績優秀者表彰が、全学部の学生の中から上位一定人数だけが選ばれるのに対し、「月間MVS表彰」は、受賞の要件さえ満たせば人数に関係なく表彰されるところにある。

つまり、成績優秀者表彰がハードルの高い賞であるのに対し、「月間MVS表彰」は、かなりハードルを下げた賞なのである。

実際、学業成績やサークル活動で一番を取るような学生は、周囲からもよく認められるし、表彰される機会も多い。

しかし、本人が精いっぱい努力し、それなりに良い結果を出したとしても、表彰されるまでにはいたらないという例が世の中にはたくさんある。

たとえば、部活で本人が努力に努力を重ね、その結果が九位だったとしたら、だれからも表彰されることはない。また、関係者以外は、その学生がどんな努力をしたか知るよしもない。

「月間MVS表彰」は、そんな学生の知られざる努力を明らかにし、努力して得た結果をなるべく多くの人と共有し、さらに上をめざすことを目的に設けられた賞なのだ。

【選考方法】

「月間MVS表彰」は、学生が自薦もしくは他薦で応募する。

つまり、大学側が一方的に表彰する学生を選ぶのではなく、表彰してほしい人、あるいは、表彰されるにふさわしいと思う人を、学生の側から申し出ることができる。

受賞者の選考は、毎月表彰委員会が行っている。

この表彰委員会は、実質的に一人で運営されている。表彰委員会の実質的な役割は、表彰にふさわしくないと思われる理由の場合のみ、ふるいにかけることだけなので、一人で用が足りるのだ。

したがって、結果的に応募者のほとんどすべてが表彰される。


【表彰の方法・演出】


表彰式は会議室で行われ、受賞者には賞状と副賞が贈られる。表彰式終了後は、受賞者全員と教職員とで軽食をとりながら歓談するそうだ。

「月間MVS表彰」を受賞した学生の情報は、学部内の掲示板に貼り出される。この表彰の情報を、より多くの学生と共有したいからだ。

掲示板を見た学生の中には、受賞者の情報を熱心に読んでいる者もいるそうだ。


【導入した経緯】


「月間MVS表彰」の発案者や正確な導入時期については不明であるが、記録によると二〇〇二年一〇月にはすでに導入されているようである。

この表彰を担当している教授によると、現在は達成感をもたずに大学に入ってきている学生が多いという。

その一方で、自分では気づいていないかもしれないが、潜在的にとても認められたがっている若者が多いと感じるそうだ。

そんな学生たちに、表彰されることを通じて達成感を味わってもらい、さらなる向上心をもってもらいたいという思いから、この表彰がつくられたのではないかとのことである。

【表彰制度の効果】

担当教授によると、受賞者の喜びはとても大きく、この表彰が学生の自信回復につながっているという。

また、たとえば、資格を取得できた事実が、身近な人だけでなく、大学全体に知れわたることで、資格を取得しただけでは得ることのできない達成感を味わえる。その達成感が、受賞者のさらに上をめざそうというモチベーションにつながるそうだ。

実際、「月間ＭＶＳ表彰」にはリピーターも多い。それだけ、この表彰が学生にとって魅力的な証拠なのではないだろうか。

就職活動の際のエントリーシートに受賞の事実を記載することができるのも、学生にとって大きな利点のようだ。また、表彰されたことから生まれる達成感が、面接の際の自信にもつながっているという。

このように、表彰制度は就職活動にも効果を発揮している。

表彰の効果は受賞者だけにとどまらない。友人が表彰されることで、自分もがんばろうと思う学生もいるそうだ。

同大学の「月間MVS表彰」は、大学の審査機関である大学基準協会からも高く評価され、学生のモチベーションを高めるための模範例の一つとして取り上げられている。

大学基準協会というのは大学の審査機関の一つで、かなりの大学がこの審査機関の認証を受けている。

大学基準協会の関係者によると、「月間MVS表彰」のような表彰を設けている大学は、全国でも珍しいという。

この表彰制度の存在が、大学の独自性にもつながっている。

田村信夫

改善活動の中に表彰制度を取り入れる

公的機関などの事例

藤枝市役所

藤枝市は静岡県中央部に位置し、人口は約一四万六〇〇〇人。藤枝市役所では、市民に、市役所の各組織の目標や仕事内容をわかりやすく伝えるため、各課でキャッチフレーズをつくり、名札や席札などに取り入れPRしている。たとえば二〇一三年の総務課は「庁内ハーモニーで藤枝市を元気に！」。広域連携室は「元気つなげる『スマイルシティ』」など。

◉組織の概要

所在地：静岡県藤枝市
市長：北村正平
職員数：一般行政職員538名、一般管理職員362名（2011年度）
取り入れている表彰制度：元気がでる職員大賞、奨励賞、GOOD！アイデア賞、テーマ別改善賞、年間猛打賞、最多足あと賞など

【表彰制度の内容】

年間表彰には、つぎのものがある。

○「元気がでる職員大賞」（優秀賞）

改善成果およびアイデア提案（一九一ページ参照）の内容が、有用性、重要性、現実性、汎用性および研究努力においてとくに優れており、その効果が大きい者を表彰する。

○「奨励賞」

改善成果およびアイデア提案の内容が、有用性、経済性、重要性、現実性、汎用性および研究努力において優れており、その効果がある程度期待できる者を表彰する。

○「GOOD！ アイデア賞」

改善成果およびアイデア提案の着眼点が優れている者を表彰する。

○「テーマ別改善賞」

毎年度策定されるテーマに沿った内容でとくに優れた者を表彰する。

ちなみに二〇一一年度は、①「節電」、②「効果的な情報発信」の二テーマだった。

○「年間猛打賞」

改善成果およびアイデア提案とその実践結果の一人あたりの年間件数が、いちばん多い課を表彰する。

○「最多足あと賞」

改善成果およびアイデア提案の閲覧件数がいちばん多い案件を表彰する。

【表彰の方法・演出】

優れた改善活動として表彰するとともに、記者発表や市のホームページで公表したり、取り組みの事例発表会を開いたりしている。

【選考方法】

優れた改善活動の中から、市の方針決定機関である行政経営会議で選考する。

【受賞者の具体例】

二〇一〇年度の「元気がでる職員大賞」は、法務や政策法務に詳しい人材の育成という総務部総務課職員によるアイデア提案だった。

自治体法務検定委員会が実施する「自治体法務検定」においてプラチナクラス認定（一〇〇〇点満点で九〇〇点以上）の獲得をめざすというものであり、自らチームを立ち上げ、月に三回程度の勉強会を開いた。その努力が実を結び、全国平均を大きく上回る得点をあげたうえ、受検者一四人中四人が見事プラチナクラスに認定された。

るという。

【表彰制度の効果】

表彰式の内容は地元紙でも報道され、改善運動に対する職員の意識もだんだん高くなっているという。

【その他のモラールアップ策】

藤枝市役所では二〇〇九年八月から、業務の改善と職員の動機づけをねらったつぎの三種類の「一人一改善運動」を実施している。表彰制度は、その一環として位置づけられている。

○「**改善成果**」……各課で改善を行い、その成果を報告するもの。

○「**アイデア提案**」……市が抱える懸案事項に対する解決策や、新しい自由な発想の取り組みなどを、具体的な方法を示し提案するもの。

○「**アイデア募集箱**」……自分の課が抱えている課題に対して、広く職員にアイデア提案を募るもの。

すべての職員が、一人一台配置されているパソコンなどから、庁内LAN上で「一人一改善運動システム」を稼働させ、改革アイデアや事務改善などの取り組みを閲覧し、いつでも自由に報告やコメントを書き込めるようになっている。

太田　肇

第Ⅲ部

あなたの会社にこうして応用しよう

表彰の三タイプ

太田 肇

1　最大の功労者を賞讃する「顕彰型」

受賞機会を平等に与える

第Ⅱ部で紹介したとおり、一口に表彰といっても制度も運営方法もさまざまである。けれども、よく見るとそこにはかなり共通する特徴があることもわかる。その共通性に注目することで、制度づくりや運営のポイントも見えてくる。

私は表彰制度を、その目的によって「顕彰型」「奨励型」「ＨＲ（Human Relations＝人間関係）型」の三タイプに分類している（拙著『認め上手』東洋経済新報社、二〇〇九年）。第Ⅲ部では、それぞれについて、制度の導入や運営のポイントを説明していきたい（一九七ページ「表彰の3タイプ」参照）。

では、まず「顕彰型」について説明する。

「顕彰型」は、特別に高い業績を上げた個人、またはチーム、部署などに対し、その功績を称えるものであり、「社長賞」「事業部長賞」「特別功労賞」「年間（月間）MVP」「最優秀社員賞」といった名称がつけられる。

第Ⅱ部で紹介した大半の組織が、このタイプの表彰制度を取り入れている。

これらの賞はいずれも権威のある「重い」表彰である。

受賞者は組織もしくはその代表者から卓越した能力、実績、貢献度などが認められたわけであり、従業員全体のいわば模範となるべき存在である。

したがって、賞そのものが従業員の目標となり、モチベーションをかき立てる効果がある。また受賞者にとっては大きな誇りとなる。

そして多くの場合、組織への貢献度や業績などを基準に授賞が決まる以上、人事評価や処遇とも無関係ではありえない。

それだけに授賞の公平性や透明性、納得性がとても大切である。

第一に、受賞の機会が全員に均しく開かれているかどうかが問われる。

たとえば、建前上は全従業員に受賞の機会があることになっていても、研究開発部門や営業部門はチャンスに恵まれているが、総務部門や経理部門は実質上チャンスがないといったケースがある。

その点では、東大病院（一七八ページ）のように各職場の職員数に応じた人数を推薦してもらうようにすれば、公平感が高まる。

タイプ	目的	一般的名称	運用のポイント	第II部の具体例
顕彰型	特別に高い業績を上げた個人、チーム、部署などに対し、その功績を称え、模範として顕彰する。	社長賞、事業部長賞、特別功労賞、年間ＭＶＰ、最優秀社員賞など。	受賞の機会が公平にあり、選考の過程が透明であること。表彰式も格式をもたせる。	各社の「社長賞」「年間表彰」「優秀賞」。サイバーエージェントの「ベストプレーヤー賞」、全日空の「エクセレント・サービス・アワード」、東大病院の「ベストスタッフ賞」など。
奨励型	目立たなくてもコツコツと努力し続ける人、縁の下の力持ちとして組織を支えてきた人に対し、その努力や姿勢を称え、奨励する。	努力賞、奨励賞など。	隠れた努力や貢献に目が届くこと。自己推薦、他者推薦などの方法で候補者を発掘する。	太陽パーツの「大失敗賞」、ニノテックの「努力賞」、帝塚山大学の「月刊ＭＶＳ」など。
ＨＲ型	日常における良い仕事、ちょっとした気配りなどを称え、職場の人間関係や空気をよくする。	職場や状況によってさまざま。	ゲーム感覚のノリや面白さを取り入れること。若手に運営させたり、客を巻き込んだりする。	ヒューマンフォーラムの「おしゃワングランプリ」、吉寿屋の「あいさつコンテスト」など。

表彰の3タイプ

それでも所属部門による不公平が避けられない場合には、あらかじめ対象となる部門を限定したほうがいいかもしれない。

なぜなら、授賞対象であるにもかかわらず授賞されなかったという事実が、周囲の反応をとおして本人の名誉を傷つけ、モチベーションを低下させかねないからである。

また、一度受賞した個人やチームは授賞対象から除くなら、同じ理由からそれも明記したほうがよい。

そして、ほんとうに機会を平等に与えようとするなら、今年は営業部門から、来年は総務部門からというように、年度ごとに対象部門を変えるのも一方法である。

選考プロセスを透明にする

第二に、選考のプロセスが透明でなければならない。

そのためには、選考の過程でできるだけ個人の主観やえこひいき、力関係などが介在する余地がないようにしておく必要がある。

理想的なのは、授賞の対象となる基準を前もって定めておき、その条件を備えた者が自動的に受賞するように決めておくことである。

たとえば、その年度で最も売り上げの多い営業マンに授賞するとか、最大の利益を生んだ製品を開発したチームに授賞するといった決め方がある。

また、対象が技術職や研究開発職なら、特許取得が一件あたり五点、学会発表が一回三点、論文が一本二点、セミナー講師が一回一点というようにあらかじめポイントを決めておき、その合計点がいちばん高い者に授賞するという方法もある。

あるいは部長が五点、課長が三点、非管理職が一点などともち点を与えて投票させ、得票数によって決めてもよい。

第Ⅱ部で紹介した共進精機（五〇ページ）や信和建設（一七一ページ）がそのタイプだ。

従業員全員に投票権を与えれば、全従業員に参画意識をもたせることもできる。

さらには、全日空（一五四ページ）の「エクセレント・サービス・アワード」のように、顧客から届いた「おほめ」の声の中から受賞者を選考するという方法もある。

しかし実際には、個々人の貢献度を数値化しづらい場合や、仕事も業績も一部の人にしか理解できないような場合がある。

そのような場合には、候補者の仕事をいちばんよく理解している人（たとえば上司や同僚）が推薦し、それをもとに審査委員が議論して受賞者を決めるという手続きを踏むのがふつうである。

選考後には、審査委員長が選考過程、授賞理由をできるだけ詳しく説明し、公明正大であることを全従業員に納得させなければならない。

また、だれが受賞者を決めるかも重要なポイントである。

トップの一存で決める場合、客観性という面では懸念もあるが、必ずしも非合理的だとはいえない。なぜなら、組織の最高意思決定権者であり、最も正しく評価できる立場にいるはずだからである。

とはいえ、私情や偏見を排し、公平に選んだことを理解してもらうため、選考理由ははっきりと述べることが望ましい。

一方、選考委員会を置く場合には、各部署から委員を選んだり、候補者の貢献度を正しく評価できる立場の者を委員に加えたりするなどの配慮が必要だ。

そして委員の名前は公表したほうがよい。だれが委員を務めるかによって、賞の権威は左右されるからである。

権威を高める工夫を

顕彰型の表彰で最も大切なのは権威である。したがって、ハレの舞台である授賞式も、格式のあるものにしたい。

賞状や記念品を手渡すのは、いうまでもなく組織を代表する社長や会長といった人本人であるべきだ。代理はできるだけ避けるのが望ましい。万障くり合わせて出席することが大切なのである。

式の日程や式場も賞にふさわしくなければならない。多くの会社が表彰式を創立記念日など特別な日に全従業員の前で開いているし、会社によっては一流ホテルで床にレッドカーペットを敷き、アカデミー賞のような演出をしているところもある。

照明でライトアップしたり、ビデオを流したりする演出も効果的だ。

華やかな演出と、場の盛り上がりは組織全体の空気を変える。医療機器メーカーのテルモは、創立七五周年の記念事業で従業員五〇〇〇人を豪華客船に招いて表彰した。その感動が受賞者以外の従業員にも伝わり、それが転換点となって企業風土が変わったという（和地孝『人を大切にして人を動かす』東洋経済新報社、二〇〇四年）。

副賞も豪華なほうがよい。金一封を贈るなら、「社長賞」「会長賞」という名を冠する以上、金額は最低でも一〇万円程度は必要だろう。

賞金の代わりに家族旅行をプレゼントしている会社や、海外旅行と特別休暇をセットで贈っている会社があるし、自動車を贈っている会社もある。

また、賞金や記念品とは別に、楯やトロフィーなどを贈るケースも多い。

趣向を凝らしてユニークな商品を贈るとか、関係者からのメッセージを紹介するといったサプライズを用意するのもよい。

しかし、安っぽくなって逆に賞の権威を下げてしまわないよう注意が必要だ。

さらに社内報や会社のホームページ、顧客向けのPR紙などさまざまな媒体で受賞者を紹介するようにしたい。

受賞の感想や受賞にいたった経緯などを、インタビュー形式で述べさせている会社もある。積極的にメディアにニュースリリースするのもいいだろう。

最近では、会社のヒット仕掛け人を紹介するようなテレビ番組・雑誌・新聞の特集も多い。それによって、受賞者はいっそう承認欲求が満たされ、モラール（士気）が向上することになる。

周囲への配慮も忘れずに

受賞者が周囲から祝福され、場の空気を盛り上げるためには、周囲への配慮も忘れてはならない。

いくらがんばって業績を上げても、受賞できる人の数は限られている。受賞できなかった人の中には、ねたみや不満を抱く者もいないとはいえない。実際、受賞した本人が周囲から浮いてしまったり、居心地が悪くなったりする例もある。

そもそも独力で受賞に値する成果を上げるケースはまれであり、多くの場合、周囲の人たちの支援や協力があったから受賞できたのである。

なかには、たまたまその人がチームや組織を代表して受賞するにすぎないような場合もある。

だからといって個人表彰を廃止するのではあまりにも能がない。

そうしたことまで配慮するならば、受賞者だけでなく受賞者をサポートした人たちも表彰するようにすればよい。

たとえば、ある開発チームや営業所のスタッフが社長賞を受けた場合、チームや営業所にも別の賞を贈るのである。

あるいは「名」は個人、「実」はチームや組織にという考え方で、受賞者には賞状や盾だけを贈り、賞金は所属部署に贈るようにしてもいいのではないか。

そうすれば、受賞を祝って職場でパーティーを開くこともできるし、周囲も「おこぼれ」にあずかれたら反応は違ってくるだろう。

また、ある会社では、従業員が管理職に昇進したとき、それまでの途上でだれに世話になったかを尋ね、そこに名があがった人を表彰し楯を贈っている。この制度は、表彰された場合にも応用できる。

さらに、第Ⅱ部で紹介したマツ六（一二四ページ）のように、表彰式で受賞者の所属部署についても紹介したり、受賞にいたらなかった候補者も紹介して称えたりする心配りがあるとよい。

いずれにしても、仕事上の相互依存関係が強く、人間関係も濃密なわが国の職場では、受賞者の周囲への配慮も重要になる。

2 縁の下の力持ちを称える「奨励型」

信頼感を高めるには

特別に大きな業績を上げた人、多大な貢献をした人を称えることも大事だが、同時に目立たなくてもコツコツと努力し続ける人、縁の下の力持ちとして組織を支えてきた人に光を当てることも大切である。

このようなタイプの表彰を私は「奨励型」（一九七ページ参照）と呼んでいる。

特別に目立つ業績を上げ大きな貢献をした人は、人事制度の中で高く評価され、処遇面でも報われるのが通例である。その功績は当然、周囲にも知れ渡る。したがって、必ずしも表彰しなくてもよいという考え方もできよう。

逆に埋もれた努力や貢献、陰での功労こそ表彰し、称えるべきなのである。

「奨励型」の表彰には、つぎのような効果がある。

第一に、だれでもコツコツと努力し、役割をしっかりこなしていれば認められるという安心感、信頼感を皆に与えることができる。それがメンバー全員のモラール向上にもつながる。

第二に、どこの職場でどんな仕事に就いていても認められるとわかれば、職場や仕事をえり好みしなくなる。

第三に、地道に努力すること、陰日向なく働くことが尊いというメッセージが全メンバーに伝わる。

そして第四に、副次的な効果として上司の評価能力が向上する。

表に出る仕事だけでなく、裏方の仕事や地味な部署、隠れた貢献も見逃さないよう、つねに目を光らせておかなければならないからである。

候補者発掘に自己推薦、他者推薦を

それでも上司の目だけでは限界があり、表彰に値するような人を見落とす恐れがある。

そこで、一緒に仕事をする仲間や関係部署の人たちにも協力を得て、候補者を推薦してもらうようにすればよい。

さらに自己推薦も取り入れたらいいだろう。

日本人は陰徳を積むことをよしとし、自己主張や自己アピールをするのははしたないという文化がある。そのため、自分の努力や貢献をアピールするのは苦手だという人が多い。

しかし、グローバル化が進み、積極性や主体性がいっそう必要になるこれからは、自信をもって仕事をし、それを正当にアピールするのも大切になる。

その点からも、一人ひとりに自己推薦する機会を与えたほうがよい。

多くの会社や役所では、少なくとも年に一度は、仕事の自己評価や人事に関する要望などを述べる自己申告制度を取り入れている。

その自己申告書に、たとえば「この一年間に自分が努力してきたこと、行ってきたことの中で誇れることは何ですか?」というような自己申告の欄と、「あなたの周囲にコツコツと努力し、陰で貢献している人がいたら紹介してください」といった推薦欄とを設けておけばよい。

そのようにしてあがってきた情報の中から、表彰を担当する部署や委員会が候補者を選定するのである。

そうすれば、表彰に値するたいていの事例が選考の網の目にかかるだろう。第Ⅱ部で紹介したように、帝塚山大学（一八二ページ）の「月間MVS」はこのような方法を取り入れている。

また顧客や取引先など外部の声を参考にするのもよい。外部者の評価を取り入れることによって客観性が高まる。

そして、ほかのタイプの表彰にも当てはまることだが、表彰式では授賞理由を具体的に述べ、賞状にもそれを記載したほうがよい。

受賞者は何が評価されたかをはっきりと理解できるし、将来にわたり自分の実績としてアピールできるからである。

第Ⅱ部で紹介した企業の中では、受賞者が受賞にいたるまでの経緯や授賞理由を賞状に記載するアサヒ・ドリーム・クリエイト（六〇ページ）、ベル（七八ページ）、ユニシス（九九ページ）、川相商事（一六〇ページ）、それに実績をストーリー仕立てにして読み上げる大昌（一四二ページ）のケースなどが参考になる。

3 職場の雰囲気づくりには「HR型」

明るく楽しい職場づくりのツールとして

第I部でも紹介したが、毎日コミュニケーションズ（現・マイナビ）が学生に対して行った意識調査によると、「楽しく働きたい」という回答がトップを占めており、内閣府の調査でも理想的な仕事として「自分にとって楽しい仕事」をあげる若者が多い。

それだけいまの若者にとって、仕事の楽しさは大切なのである。

その「楽しい仕事」「楽しい職場」づくりの手助けをするのが、「HR型」（一九七ページ参照）の表彰である。

人の承認欲求はさまざまな形で表れる。地位や名誉を得たい、尊敬されたいというように長期的なキャリアをとおして追求される場合もあれば、個性や仕事ぶりを認められたい、自分の存在そのものを受け入れられたいというように、日常の仕事や生活の中で期待される場合もある。

前者のようなタイプの欲求（の表れ方）に応えるのが「顕彰型」表彰であり、後者のようなタイプと関係の深いのが「HR型」である。

つまり「顕彰型」は長期的で「重い」のに対し、「HR型」は短期的で「軽い」表彰だといえる（ちなみに「奨励型」はその中間にある）。

外食産業や小売店、サービス業の中には、学生アルバイトやパートタイマーなど非正社員をたくさん雇用しているところが多い。

一般に彼らの特徴として、生きがいや生活の中心は、学業や家庭といった仕事以外のところにあり、職場では楽しく働ければよいと考えている人が多い。

そうした気持ちにうまく働きかければ、驚くほどのやる気を引き出すことができる。

ゲーム感覚のノリで

「HR型」表彰は、独立した個人ではなく、仲間の中、職場の中での個人、もしくはチーム全体、職場全体をターゲットにする。仲間に祝福されてテンションが上がったり、職場が盛り上がったりすることが大事なのである。

そのため、できれば表彰のセレモニーとともに、そこへいたるプロセスにゲーム感覚のノリを取り入れたい。

ヒューマンフォーラム（一三一ページ）の表彰制度は、それをうまく実践したケースだといえよう。

また、ファストフードの店の中には、唐揚げや塩ふりのコンテストを行ったり、宅配ピザの早焼きや安全配達の競争をさせたりしているところがある。そこでは、まるで大学のサークル活動をしているかのように熱中する若者たちの活気あふれた光景が見られる。

このように若手が元気を出し職場が盛り上がるのは、彼らが主役になって活動しているからである。したがって、表彰のセレモニーや表彰にいたるまでのプロセスには彼らを参画させるか、できれば彼ら自身に企画・運営を任せたほうがよい。

それによって彼らのモチベーションが高まり、企画力、積極性、協調性、リーダーシップなどが身につく。つまりイベントそのものが貴重な教育の機会になるのである。

表彰される側も、仲間に選ばれ、仲間から拍手を送ってもらうことをとても喜ぶ。そして仲間同士のチームワークも、職場全体の空気もよくなる。

また客を巻き込むのも一つの手だ。レストランの中には、来客にアンケートで「今日、いちばん笑顔がよかったスタッフ」はだれかを答えてもらい、得点が多かったスタッフを表彰しているところがある。

このように客を巻き込むことによって、客と店員との距離が縮まり、店の雰囲気もよくなる。民間企業だけではなく、たとえば役所でも市民のアンケートや投票で選ぶような表彰があってもよいだろう。

「軽さ」がキーワード

ところで、会社によっては、営業スタッフの成績を店内に掲示してスタッフ同士で競争させ、優勝者を表彰している例がある。

それによって、従業員のモチベーションが一時的にアップしたというケースも少なくない。ただ、注意すべき点として、それがノルマ化したり、従業員の尻をたたく会社の姿勢が露骨に表れたりすると「ゲーム性」は薄れる。

自発的なモチベーションが「やらされ感」に変わる恐れもある。

とりわけ成績の良くない従業員にとってはプライドを傷つけられることになり、承認、表彰の趣旨から外れ、かえって逆効果である。

個人の成績を表示するのは上位三分の一とするなどの配慮が必要だ。

なんといっても「HR型」の表彰は「軽さ」がポイントである。

そして「軽さ」を保つためには、人事や処遇、キャリアなど大事な事柄と切り離すことが必要である。

具体的にいうと、授賞を人事考課や昇給・昇格などに反映させるべきではない。

結果的に表彰されたとしても、されなかったとしても、「たかが……」と一面で冷めた姿勢を取れることが大切なのである。

その意味からすると、表彰で贈られる副賞もあまり豪華になりすぎないほうがよい。食事券や商品券といった定番のものから、会社のロゴが入ったバッジやネクタイピン、ボールペン、それに第Ⅱ部で紹介したサイバーエージェント（七四ページ）のようにオリジナルな特注品を贈っているケースもある。

また、第Ⅰ部で述べたように米国の会社を訪ねると、商品として贈られた小物がオフィスにさりげなく飾られている光景を目にする。それが、職場に適度なゆとりと、なごやかな空気をもたらしている。

長続きさせるには

「顕彰型」や「奨励型」のようにオーソライズされた表彰と違って「HR型」の表彰は、効果が大きいにしても、必要性には乏しいところがある。

そのため、導入当初は新鮮で盛り上がりを見せても、だんだんとマンネリ化し、負担感だけが残る場合が少なくない。その結果、数年で廃止されたり休眠状態になったりしている例もよくある。

制度の中身や選考方法などを細かく決めてしまえば、少しでも条件に合わないと対象外になるし、選考に時間や労力がかかって負担が大きくなる。しまいにはみんな乗り気ではなくなっているのに、制度があるから表彰しなければならない、といった本末転倒の事態に陥ることもある。

また、同じ表彰を何年も続けると飽きがくるし、仕事や職場環境に合わなくなる場合もある。そうならないためには、制度や手続きを簡素にしておくのがポイントである。

たとえば、「総務課が各課から一名の委員を出すよう依頼し、委員会でその年の表彰を決めてもらうこと」とか、「本社がその年に贈る賞の種類を決め、毎年○月に店舗対抗の選手権を開く」というくらいの大枠だけを決めておけばよい。

もう一つのポイントは、メンバー全員を巻き込むことである。

それには、正社員だけでなくアルバイトやパートタイマーも参加でき、仕事能力の高い低いに関係なく受賞するチャンスがあるような仕組みにしておかなければならない。

そして毎年、参加した人が「楽しかった」と言えるようなら、きっと長続きする。

オーダーメイドの表彰を

第Ⅲ部では、表彰を目的や対象によって三つのタイプに分け、それぞれ導入のポイントを説明した（一九七ページ参照）。

しかし、実際に行われているすべての表彰がこの三タイプに分類できるわけではないし、三タイプをそのまま応用することがベストだというわけでもない。ある会社でうまくいっている制度が、別の会社では定着しなかったという例は珍しくない。

いうまでもなく表彰制度はマネジメントの一ツールであり、マネジメント・システムの中にうまく溶け込んではじめて機能する。

実際の組織は、目的や歴史、風土、成員の特徴、置かれている環境、それに経営戦略や経営理念などもさまざまである。

したがって、それぞれの組織に適した表彰制度があるはずだ。

また、最初は組織にフィットし、理想的に機能した制度も、時がたつにつれてだんだんと色あせ、新しい制度へ衣替えする必要が出てくる場合もある。

したがって、実際に組織へ導入する場合には、ここにあげた三つのタイプを念頭におきながら、また第Ⅱ部で紹介した事例を参考にしながら、独自の制度をつくりあげていってほしい。

あとがき

人は表彰されることで、ほんとうにモチベーションが上がるのだろうか？

そんな、ふとした疑問が日本表彰研究所をつくろうと思ったきっかけでした。

一九九〇年代のことです。

それまで、私は長い間、表彰用品にかかわる仕事をしていながら、トロフィーは何のために必要なのか、表彰がどんな効果効能をもっているのかなど、考えたことがありませんでした。

小さな疑問は時が経つにつれ少しずつ大きくなり、次第に、真剣に表彰の効果効能というものを研究したいと思うようになりました。とはいうものの、どうやって研究を進めたらいいのか、皆目見当もつきません。

そこで思いついたのが、すでに研究をしている人を探すことです。世の中は広いので、だれか一人くらい表彰の研究をしている人がいるのではないか、そう考えたのです。

さっそく、地元にある大学に打診してみました。でも、残念ながら表彰を専門に研究している方はおられませんでした。

しかし、表彰やトロフィーに関係のありそうな研究をしている先生を何人か紹介していただけました。その中に、現在、日本表彰研究所の所長になっていただいている太田肇同志社大学教授がおられたのです。

太田教授は承認研究の第一人者です。じつは私も以前から、相手を認めることの大切さを感じていました。

ほめるという行為は、得てして上から目線になりがちです。しかし、相手を認めるというのは対等の関係です。

表彰も上から目線になりがちですが、基本は対等の人間として相手の功績や功労を認めるということだと思います。

その表現方法の一つが表彰なのだというのが私の考えです。

日本表彰研究所の最初の活動は、表彰制度を導入している企業を取材することからはじまりました。

当時、私の経営する会社に立命館大学二回生の男子学生が、半年間インターンシップに来ることになりました。菅原秀樹君という男性です。彼と一緒に表彰制度を導入している企業を訪問し、表彰制度導入の経緯や目的、表彰によって得られた効果などを取材して回りました。

最初はどんな成果が得られるのか、見当もつかない取材活動でした。

でも、取材するうちに、表彰制度の導入や定着に成功している企業の共通点や成功要因などが、ぼんやりとですがわかってきました。

取材した内容は事例集にまとめ、取材に協力してくださった企業や、希望者に配布しました。

この事例集は、日本表彰研究所のホームページ（二二二ページ）にも掲載していますので、ご興味のある方は、ホームページからダウンロードできますので、ご覧になってください。

菅原君のインターンシップ期間が終わった後は、フォーラムやセミナーの開催に活動の軸足を移し、表彰や承認に関するテーマのフォーラムを数カ月おきに開催しました。

その後、二〇一二年から再び表彰制度の取材を再開することになりましたが、きっかけは、ホームページに掲載された表彰事例集でした。

二〇一一年の暮れに、日本表彰研究所のホームページを見て、我々の活動に興味をもってくださった方から連絡をいただきました。お二人の女性社労士の先生でした。さっそくお目にかかり、表彰研究所の趣旨や今後のビジョンなどをお話ししたところ、共感していただいたので、一緒に活動することになりました。

今回、執筆陣に加わってくださった松下慶子さんと橘雅恵さんです。

それ以前は、私と太田教授を含め四名で活動していましたので、スタッフは合計六名になりました。

スタッフも増えたので、表彰研究所の活動にも、新たな目標をつくろうということになりました。その一つが、この表彰事例集の出版です。

以前に取材した事例に加え、新たに取材活動を行い、三〇近くの表彰事例が集まりました。

そのうちの一部事例について太田教授が「東洋経済HRオンライン」で一〇回にわたり連載されたところ、読者から大きな反響がありました。

それに勇気づけられて今回、集まった事例をもとに、我々スタッフと太田教授で手分けして原稿を書き、本書の完成にいたりました。

日本表彰研究所を立ち上げた当初は、漠然と表彰の効果効能を調べてみたいという思いだけだったので、今回こうして出版できたことに感慨無量です。

振り返ってみると、太田教授やインターンシップに来てくれた菅原君、研究所の仲間に加わってくれた藤井哲也さん、武藤崇さん、松下さん、橘さんたちとの出会いがあったからこそ、ここまで来られました。

みなさんとの出会いがなければ、日本表彰研究所も構想だけに終わり、表彰事例の研究も進まず、今回の出版もなかったと思います。あらためて人との出会いのすばらしさとありがたさを感じます。

また、表彰制度の取材に快く応じていただいた皆様にも、深く感謝しています。皆様の協力がなければ今回の出版は実現できませんでした。

今回の取材活動を通じて、表彰がモチベーションアップや組織運営にとても活用できるものであることをあらためて実感しました。

また、表彰制度の導入方法や運営方法についてのノウハウもかなり蓄積されました。それらを、今後は広く社会に還元していきたいと考えています。

表彰制度に関心がある、表彰制度の導入方法を知りたい、表彰制度を活用してスタッフのモチベーションを上げたい、マンネリ化している表彰制度を改善したいなど、表彰についてお聞きになりたいことがあれば、日本表彰研究所（二二二ページ）までご連絡ください。

我々が、全力でサポートさせていただきます。

日本表彰研究所事務局長

田村信夫

［著者紹介］

太田　肇

同志社大学政策学部教授。日本表彰研究所所長。

1954年、兵庫県生まれ。神戸大学大学院経営学研究科博士前期課程修了、京都大学経済学博士。国家公務員、地方公務員を経験ののち、三重大学人文学部助教授、滋賀大学経済学部教授などを経て2004年より同志社大学政策学部教授。2008年より日本表彰研究所所長。専門は組織論、人事管理論、とくに個人を生かす組織について研究。主な著書は以下の通り。

『プロフェッショナルと組織』（同文舘出版、1993年　組織学会賞）、『日本企業と個人』（白桃書房、1994年）、『個人尊重の組織論』（中公新書、1996年）、『仕事人《じん》の時代』（新潮社、1997年）、『仕事人《じん》と組織』（有斐閣、1999年　経営科学文献賞）、『「個力」を活かせる組織』（日本経済新聞社、2000年）、『ベンチャー企業の「仕事」』（中公新書、2001年　中小企業研究奨励賞本賞）、『囲い込み症候群』（ちくま新書、2001年）、『選別主義を超えて』（中公新書、2003年）、『ホンネで動かす組織論』（ちくま新書、2004年）、『認められたい！』（日本経済新聞社、2005年）、『「外向きサラリーマン」のすすめ』（朝日新聞社、2006年）、『お金より名誉のモチベーション論』（東洋経済新報社、2007年）、『承認欲求』（東洋経済新報社、2007年）、『「見せかけの勤勉」の正体』（ＰＨＰ研究所、2010年）、『「不良」社員が会社を伸ばす』（東洋経済新報社、2010年）、『承認とモチベーション』（同文舘出版、2011年）、『公務員革命』（ちくま新書、2011年）その他多数。

日本表彰研究所

日本ではじめて表彰制度を研究する組織として、2008年6月1日に設立。表彰の効果効能の調査研究、優れた表彰制度をもつ組織の顕彰、表彰制度構築コンサルティングなど、表彰文化の啓蒙や表彰制度の普及活動を行っている。

メンバー（2013年6月現在）

- 太田　肇（所長）……上記
- 田村信夫（事務局長）……株式会社山城工芸代表取締役、１２３トロフィー株式会社代表取締役

※以下五十音順

- 橘　雅恵……社会保険労務士たちばな事務所代表、株式会社エーエムパートナーズ代表取締役
- 松下慶子……まつした社会保険労務士事務所代表、合同会社のぞみプランニング執行役員
- 武藤　崇……武藤社会保険労務士事務所代表

連絡先

- 日本表彰研究所連絡先　info@hyosho.jp
- 日本表彰研究所ホームページ　http://www.hyosho.jp/

表彰制度

2013年8月8日 発行

著者 太田《おおた》 肇《はじめ》／日本表彰研究所《にほんひょうしょうけんきゅうじょ》
発行者 山縣裕一郎

〒103-8345
発行所 東京都中央区日本橋本石町1-2-1 東洋経済新報社
電話 東洋経済コールセンター03(5605)7021

印刷・製本 丸井工文社

Printed in Japan　ISBN 978-4-492-53331-4　http://www.toyokeizai.net/